初中物理概念建构与教学方法论

朱世山 著

河北大学出版社
·保定·

出 版 人：马　力
责任编辑：陈学志
助理编辑：刘　童
装帧设计：王占梅
责任校对：苏安邦
责任印制：常　凯

CHUZHONG WULI GAINIAN JIANGOU YU
JIAOXUE FANGFA LUN

图书在版编目（CIP）数据

初中物理概念建构与教学方法论 / 朱世山著.
保定：河北大学出版社，2025. 6. -- ISBN 978-7-5666-2692-9

Ⅰ. G633.72

中国国家版本馆CIP数据核字第202547CR72号

出版发行：河北大学出版社
地址：河北省保定市七一东路2666号　邮编：071000
电话：0312-5073003　0312-5073029
网址：www.hbdxcbs.com
邮箱：hbdxcbs@163.com
经　　销：全国新华书店
印　　刷：涿州市般润文化传播有限公司
幅面尺寸：170 mm × 240 mm
字　　数：200 千字
印　　张：12.75
版　　次：2025 年 6 月第 1 版
印　　次：2025 年 6 月第 1 次印刷
书　　号：ISBN 978-7-5666-2692-9
定　　价：62.00 元

前　　言

物理学构成了自然科学的根基，其学科特性体现在逻辑的严谨性和规律的普遍性，其影响贯穿了从基础理论到实践应用的广阔领域。初中物理教学作为学生科学启蒙的重要阶段，其教学目标不仅在于传授基本概念和规律，更在于培养学生的科学思维能力与探究精神。然而，物理教学的复杂性和多维性，使得教师在实践中面临诸多挑战，学生常因抽象性与逻辑性的障碍而感到困惑，甚至失去兴趣。因此，探讨如何优化教学设计、提升教学效果，已成为物理教育研究与实践中亟待解决的重要课题。

本书聚焦初中物理概念的构建与教学策略，其目的在于从教育学、心理学与物理学的交汇视角深入剖析物理概念的逻辑框架和学习心理特征。书中分析了教学过程中普遍存在的问题，并系统地提出了相应的教学策略和创新方法。本书将理论分析与实践指导相结合，不仅深入探讨了物理概念教学的基础与方法，还特别强调了教师专业发展的重要性。同时，从物理概念的核心本质到教学方法的革新，从实验与探究活动的执行到多样化教学策略的应用，始终贯穿着“以学生为中心”的教学理念。它强调以坚实的科学教学理论为根基，通过设计和实施多元化的教学方法，助力学生在探索与实践中构建自己的概念体系，并在此过程中提高他们的学习兴趣和综合能力。与此同时，书中特别关注物理教师的专业发展，提出了通过教学反思与研究实现教学能力提升的路径，助力教师在教育改革背景下不断提升自身的教学质量与学术水平。

本书旨在为广大初中物理教师提供科学而有效的教学指导和实践参考，同时期望能为物理教育的研究者提供启发，促进相关理论与实践的进一步发展。物理教学的核心不仅在于知识的传授，更在于科学精神的培育和思维方式的塑造。期望通过本书的探讨与建议，能够协助教师和学生共同应对物理学科的挑战，挖掘其独特的学习魅力，并为未来的教育实践注入持续的动力。

目　录

第一章　初中物理概念的本质与逻辑结构

第一节　概念建构的教育学理论

一、科学课程教学的概念体系建构

自奥苏伯尔1963年提出科学教育中的核心概念以来，国际科学教育界经历了三次科学课程改革的尝试与调整，对整合与发展的研究和讨论已经持续了半个世纪。进入21世纪，包括科学家、认知心理学家在内的各界科学教育参与者和研究者对这一理念的看法已经逐渐趋于一致。周光召先生在为《科学教育的原则和大概念》一书作的“序”中写道：“科学教育不应该传授给孩子支离破碎、脱离生活的抽象理论和事实，而是应当慎重选择一些重要的科学观念，用恰当、生动的方法，帮助孩子们建立一个完整的对世界的理解。”整合与发展已经成为当代基础教育阶段科学课程改革的核心理念。整合指的是构建科学课程的概念体系，即围绕“大概念”组织知识内容，实现对传统科学课程中零散概念的整合。在此基础上，组织科学实践活动，使学生的“学”与“做”相融合，在实践中理解和构建科学概念。发展则是在概念体系的基础上，通过学习进阶的研究与设计，提出适合不同阶段学生认知发展的表现期望，确保学生的科学素养随着学习阶段的推进实现连贯一致的进阶发展。

2012年，美国国家研究委员会（NRC）颁布的新一轮科学课程改革领航文件《幼儿园到12年级科学教育框架：实践、共通概念及核心概念》（以下简称《新框架》）是践行这一理念的典型代表。在新《框架》中，科学课程的三个维度——实践、共通概念和核心概念——紧密相连、相互促进，将以往科学课程线性、零散、互不关联的内容系统地串联起来，并与社会生活的其他领域紧密相关。

随着科技的不断进步和社会的持续发展，人类积累的知识，尤其是自然科学领域的知识，变得越来越丰富。有限的科学课程容量和无限的自然科学知识这一矛盾越发凸显。在“少而精”和“更少、更清、更高”等科学课程设计新理念统领下的概念整合即解决这一矛盾的尝试：在基础教育阶段，科学课程的学习应致力于通过核心概念的整合来串联学科知识，激发学生参与科学与工程的实践活动，深入探究关键原理，培养学生的综合理解能力，并在这一过程中融入科学本质教育和STSE（科学、技术、社会、环境）教育。《科学教育的原则与大概念》一书着重阐述了大概念的内涵及其进阶发展对科学教育的重要意义：……这些核心观念及其进阶过程能帮助学生理解生活中的事件和现象，并在其结束学业、迈入社会后，持续产生影响。大概念是一个应用于诸多领域，有着丰富含义的术语。1963年奥苏伯尔在其关于科学课程的论述中首次提出了“先行组织者”这一概念。他将核心概念作为科学课程的“组织者”，这些组织者将学习单元中的事实与概念整合，并为新知识的学习构建框架，从而促进有效学习的实现。随着科学教育研究的发展和跨领域的交流借鉴，学者们也在不断赋予大概念新的内涵。2005年，美国科学促进会（AAAS）借鉴全美数学教师协会颁布的《数学课程中的原则和标准》（2000）中对大概念的界定和表述，提出大概念是“能将众多的科学知识联为一致整体的科学学习的核心”。随后，科学界在此基础上开展对各子学科中的大概念的研究和分析。如Stevens和Krajcik（2007）分析了纳米科学的大概念，Lel-liott和Rollnick（2009）论述了天文学的大概念等。2010年出版的《科学教育的原则与大概念》将大概念分为两类：科学大概念和关于科学的大概念。前者包括“物质的原子、分子说”“相互作用”“进化”等；后者包括“原因和解释”“科学对伦理、社会、经济等的影响”等。大概念包括共通概念和核心概念：共通概念侧重跨学科内容的组织，而核心概念多用来整合某一学科内的知识。

对于初中物理教学来说，物理概念的构建是基础性内容的核心。学生在学习与应用物理知识时，都必须依赖于坚实的物理概念基础。若概念构建不够扎实，学生未来在物理领域的深入发展中很可能遇到重大障碍。概念，作为表达某一对象根本属性的思维形式，是人脑对客观事物最本质的反映。它需要通过总结、归纳和研究事物来形成，是对事物共同本质的抽象表述。概念的形成过程，是一个从具体到抽象，再从抽象回到具体的过程。物理概念可以被视为人们对特定研究对象物理属性的抽象思维形式。通过这些概念，人们能够辨识并区分各种物理现象背后的本质，并揭示不同概念间原理上的联系。因此，物理概念是学生掌握物理原理的基石，是他们理解和应用物理知识的关键。以物理概念为根基，学生能够对物理现象进行深入的分析、比较、假设、实验以及抽象概括，这些活动是他们进一步吸收物理知识、构建物理认知、掌握物理技能、提升物理能力的主要途径。物理概念的构建涉及教师运用多种教学策略，在教学过程中引导学生认识、掌握并应用这些概念。新课程标准明确指出，在物理教学中，教师应重视过程与方法的融入，这是培养学生能力、锻炼学生思维、提高学生核心素养的关键路径。因此，物理概念的构建对于物理课程的本身以及学生未来的发展都具有不可或缺的重要性。教师在帮助学生构建物理概念期间应遵循以下两点要求。首先，新课标强调教师应重视学生的主体性，这要求教师的教学必须以学生为中心。传统的教学方法和理念已不再适应当代学生的学习和成长需求，教师需要不断调整师生在物理课程中的主体关系，转变学生在课程中的被动角色，引导学生积极参与物理概念的构建，激发他们的探究性和主动性思维，确保物理概念的构建贯穿于学生学习的整个过程。其次，教师应致力于提高教学的针对性。这主要是因为教师需要关注学生的个体差异，并根据这些差异调整教学计划和内容。特别是针对学生的认知差异，这将直接影响他们对物理概念的理解程度。因此，教师需要基于学生的认知差异，实施具有针对性的教学策略。

二、传统教育学理论的应用

自从学校教育系统化以来，传统的教育学理论在初中物理教学中一直发挥着至关重要的指导作用。许多基于行为主义和启蒙教学理念的教学方法在早期课堂上得到了广泛的应用，并逐步形成了以教师权威和知识灌输为核心的教育模式。在物理概念的教学过程中，一个稳定且结构清晰的学科框架有助于凸显其条理性。遵循这一教学理念，教师们通常采用反复演示和大量练习的方法，以加深学生对具体知识点的记忆和模仿。尽管这种单向的知识传递方式在一定程度上有助于学生理解基础的物理概念，但它往往忽视了个体思维发展的多样性和主观能动性。传统教育学理论所强调的重复练习原则，对初中阶段的物理概念教学产生了深远的影响。基于对学习者熟练度的重视，通过海量题目与标准答案的不断演练，可以加强学生对力、能量、热学、电学等基础章节概念的表层理解，并在短时间内提升解题能力。然而，这种教学理念难以充分激发学生对科学探究的兴趣，也难以适应当代教育对综合素质与创新能力的重视。

当教师在课堂上将传统教育学理论付诸实践时，通常会结合具体的教学活动，如讲解示范、板书演示、提问反馈、纠正错误以及课后作业的布置等环节，确保学生通过持续的听讲和模仿，逐步掌握知识。鉴于物理学固有的抽象性和逻辑性，学生在初次接触速度、加速度、力的矢量合成、欧姆定律等概念时，容易感到困惑。因此，教师需要提供系统、明确且具有示范性的指导和实例，以帮助学生理解这些概念，防止出现概念混淆和理解断层。传统教育理论提倡知识的分解和层次化，强调首先将概念按照由易到难、由简至繁的顺序进行拆解，然后通过反复练习和强化，帮助学生产生稳固的条件反射式认知。因此，物理课程可以依照教材章节的顺序进行，从力学到热学，再到电学和光学，这样能确保教学活动与学生的日常生活体验之间保持直观的联系。毕竟，许多经典的实验和演示都与日常生活中观察到的现象紧密相关，这种直观性也是传统教育方法在初中物理教学中得以长期应用的关键因素。

回顾传统教育学理论在物理概念教学中的重要性时，我们不能忽视教师在这一过程中的关键角色。教师不仅扮演着知识筛选者和课堂组织者的角色，而且通常还是唯一评价者，负责评估学生的认知进展和理解水平。在这种教学模式下，学生往往习惯于被动地接受既定的知识结构。虽然这种方法对于理解基础概念、掌握基本公式和定律非常有效，但在更高级的分析和应用方面，学生可能会遇到思维的局限性。通过评估学生对知识的吸收程度和答题的准确性来衡量教学效果，往往导致对不同概念深层联系的分析和开放性的物理探究缺乏足够的关注。当学生对某个公式或现象感到困惑时，教师通常会通过演示实验或重复讲解来加强理解，而学生则通过反复练习习题来巩固知识。这种方法虽然简单且效果显著，但有时会限制学生对概念本质的创造性思考。

传统的教育学理论，注重课堂效率和整体考试成绩，对于早期教育环境和需求确实至关重要。然而，随着信息技术的飞速发展和教育理念的不断进步，如何将这种稳健、系统、重视基础训练的方法与现代教育观念相结合，特别是更加关注学生认知发展和探究精神的培养，已成为当代初中物理教学改革的核心议题。教师在运用传统教育学理论的同时，必须警惕其可能带来的教学僵化问题，即可能限制学生的主动性和创造性思维，导致概念学习仅停留在机械记忆和程序化解题的层面。因此，在当今的物理教学中，审视传统教育学理论的应用价值，老师应该更加关注学生的个体差异，并在课程设计和教学策略上适当引入多元化的思维激发方法。

三、现代教育理念的融入

在充满活力与挑战的当代教育环境中，我们不再仅仅满足于让学生掌握基础知识和机械解题的技能，越来越多的教师开始意识到引入现代教育理念对于初中物理概念教学的重要性。随着信息社会的迅猛发展和对学生综合素质要求的不断提升，建构主义理论和人本主义教育理念在课堂上的重要性日益显现。这些源自心理学与教育学交叉领域的理论，为传统的知识灌输模式带来了新的活力。现代教育理念倾向于将学生视为具有复杂内部认知结构和独特主观能动性的学习者，强调个体在自主建构概念过程中的作用，以及在与外界信息互动中对物理规律的更深层次理解。无论是通过问题驱动教学、探究式实验，还是采用合作学习与案例分析等多样化的教学方法，现代教育理念都致力于在知识传递和思维拓展之间找到更加均衡的状态。

在初中物理概念建构阶段，融入现代教育理念通常体现为教学设计和课堂活动的深刻变革。由于物理概念固有的抽象性和严谨性，学生在构建速度、力、能量或热传递等关键概念时，若缺少相应的体验和观察，容易产生混淆和片面理解。这一挑战可以通过现代教育理念所推崇的主动探索和多元情境设置来克服。例如，在研究热学概念时，教师可以引导学生观察日常生活中温度传递的现象，或者通过简单的实验来测定不同材料的热传导速率，进而激发学生自主探究物理量间的关系和因果机制，而不是单纯地记忆定义或解题方法。将问题情境与真实生活经验相结合，有助于学生构建更为完整的认知框架，并培养他们在面对新问题时的迁移和创新思维能力。

学科整合的理念对传统教学方法构成了显著的挑战，而将初中物理与其他学科或跨学科话题适度结合，通常能够提供更为丰富和多元的学习体验。在实验过程中，学生不再限于重复既定的操作步骤，他们还需要运用数学知识来处理数据、借助语文能力撰写实验报告、利用信息技术进行数据分析和模拟。这种综合运用的过程，实际上也是构建稳固物理概念网络的有效途径。现代教育理念强调整体性认知和批判性思维，其目的旨在突破单一学科思维对学生视野的限制，帮助他们理解物理学并非孤立于日常生活或其他知识领域之外，而是与社会、自然和技术等领域相互渗透、相互促进。

如果教师想要更好地融入现代教育理念，就需要在实践层面上不断创新教学手段与考核方式。通过运用教育技术工具、设计多样化且互动性强的实验环节、开展生动的微项目等方法，不仅能够激发学生更强烈的学习动机，还能在帮助他们构建概念的同时，逐步增强解决问题的能力。这些教学理念和对学生情感态度和价值观的关注紧密相连。在传播物理知识的同时，教师还可以引导学生讨论物理与社会发展的关系、分析物理对人类生活的影响等，使学生在体验知识背后的社会责任感与人文关怀的过程中，帮助他们构建更为全面和立体的物理概念体系。

众多研究揭示，现代教育理念在促进学生深度学习和高阶思维能力方面成效显著，但这也对教师的专业技能和课堂管理提出了更高要求。相较于传统讲授式课堂，现代教育理念要求教师能够精准把握学生的学习需求、成长水平及兴趣偏好，并为不同学生或小组设计个性化的学习计划。这无疑对教师的学科知识、信息化教学技巧、资源整合及教学反思能力提出了更高层次的挑战。因此，为了在初中物理概念教学中更广泛地推广和深化现代教育理念，必须对教师进行全方位的培训，并在政策层面提供持续的支持。同时，学校对创新课堂环境和提供多样化实验条件也是不可或缺的。

四、教育理论对概念形成的引导

当教师和研究者将注意力集中在学生对初中物理概念形成的过程时，教育理论就成为分析和设计教学活动的关键工具。各种源自心理学和教育学交叉领域的理论框架，为解释和引导概念建构提供了具有层次性的思路。皮亚杰的认知发展阶段论从发展心理学的角度揭示了学生对物理现象和规律的认知水平是如何随着年龄和认知结构的变化而发展的。这表明，处于具体运算阶段的初中学生在面对抽象概念时，需要依赖更多的形象化或感性化材料来理解。如果教师忽略了这一规律，仅仅依赖抽象推导，就可能导致学生混淆概念，甚至形成错误的认知结构。奥苏贝尔强调的先行组织者和认知同化过程，则指导教师在教授新概念之前，先评估学生已有的认知框架，然后适度提供概念性提示或关键认知结构，引导学生将新知识融入已有认知，避免学习过程中出现脱节和断层。将这些理论应用于初中物理教学实践，需要教师在备课和课堂互动时充分考虑学生可能具备的知识和经验，如他们对力学现象的日常观察、对电学的初步理解、对热传递和光学的感性体验等。然后，在此基础上，用有机衔接的方式展示更为系统和深入的物理概念。

在探究式教学和问题导向学习的兴起过程中，教育理论为课堂的结构化设计提供了更为丰富的思路。布鲁纳的发现学习理论强调，通过“做”与“问”的方式，学生可以主动建构知识的意义。教师的角色由此从知识的灌输者转变为学习的引导者和支持者，这为物理概念的形成过程注入了动态的实践维度。初中生天生具有强烈的好奇心和动手能力，如果教师能在课堂上设置具有挑战性的课题，并引导学生进行分组实验或深入思考，就能更有效地激发他们在探索过程中对概念本质的理解和掌握。维果茨基提出的“最近发展区”和社会文化背景理论，为物理课堂中学生的合作学习和交互探究提供了理论支持。教师通过创设适当难度的思维挑战，鼓励学生之间的讨论和知识分享，引导他们在协作中弥补个体认知的不足，从而迈向更高层次的概念建构。

教育理论在概念形成过程中发挥着重要的引导作用，尤其体现在对评价方式的创新上。传统的笔试和口头提问通常只能揭示学生对知识点的死记硬背或浅层理解，然而，概念形成的真正核心在于学生是否能够触类旁通，整合并迁移所学知识，并在新的情境下应用所学原理进行推理或解决问题。有效的评价方法应从表现性任务、实验设计与数据分析、项目研究成果或小组展示等多个维度出发，让学生在真实或模拟真实的情境中展示对物理概念的深刻理解。教育理论还指导教师应将评价过程与教学过程相结合，使概念的内化与检验同步进行。这种动态评价或形成性评价不仅能让教师及时了解学生的学习进度和理解深度，还能帮助学生自我发现知识盲点并进行相应的改进，通过持续的反馈与修正，促进对物理概念更稳固的构建。

众多研究从教育理论的角度出发，强调情感因素和学习动机对概念形成产生的微妙作用。初中生正处于身心发展的关键阶段，他们的学习兴趣和自我效能感在很大程度上决定了他们对物理概念的认知投入和投入的持久性。行为主义和认知主义理论主要关注外部环境的刺激和内部信息处理过程，而人本主义和动机理论则指出教师在设计概念教学时，应重视学生的内心需求和对学习过程的积极情感。当学生感受到教师的尊重和信任，并理解学习物理概念不仅仅是为了应对考试，更是为了培养对世界运行规律的探索精神时，他们对物理知识的热爱会更加持久，进而形成更加稳固的概念体系。此外，教育理论还能帮助教师理解学生在面对难度较大或抽象度较高的概念时可能产生的焦虑、挫败感等情绪，从而通过分层次、分进度的教学策略，为他们提供更加灵活多样的学习路径。

五、以学生为中心的教育理论与实践

众多教学改革和教研成果的实践反复证实，以学生为中心的教育理念对于初中生对初中物理概念的构建和深入理解具有很大的价值。这一理念在现代教育学理论中得到了广泛的支持，并被世界各国的教育改革普遍采纳。在实施这一理念时，教师需要在课堂组织、课程内容编排和评价方式等方面进行全面的创新，确保将学生的需求、兴趣和学习特点置于最重要的位置。传统的课堂常常强调教师的讲授和知识的传递，而以学生为中心的物理课堂则更加重视学生的参与和体验。教师逐渐转移部分课堂控制权，将促进学生主体性的释放和发展视为教学过程的核心目标，为学生提供实验、讨论、交流、反思和展示等多维度的学习机会。这样的教学设计不仅能够有效提升学生在概念构建过程中的积极性，还能激发更深层次的认知加工，帮助他们将所学知识内化和重组，从而形成更深入的理解和灵活的应用能力。

将学生为中心的教育理念应用于初中物理概念教学中，通常需要通过精心设计的情境创设和启发式引导来实现。教师可以围绕核心概念，构建与学生日常生活或社会热点紧密相连的情境，引导学生在熟悉或感兴趣的背景下主动探索物理问题，从而更有效地激发他们的思维潜力和探索欲望。例如，在讲解杠杆原理或浮力规律时，可以引入日常生活中的工具或科学现象，并激励学生带着问题去观察、假设，进行实验操作，然后通过测量和数据分析来检验他们的假设。此外，通过简单的调查或访谈，可以扩展学生对概念应用的理解。以学生为中心的教学不仅使学生成为活动的积极参与者，而且通过一系列结构化的活动设计、反馈和再设计过程，让学生亲身体验科学探究和知识构建的乐趣与挑战。

在以学生为中心的课堂环境中，评价环节被赋予了更加激励人心和多维度的角色。传统的物理测验过于侧重于对相同题目和统一标准答案的考核，学生的思维过程和探究精神往往难以获得充分的反馈。相比之下，以学生为中心的实践鼓励采用多种形式的过程性和表现性评价方法，使学生能够在动手实验、研究项目、主题辩论、小组成果展示等多种活动中展示他们的理解深度和学习成果。在这一过程中，教师更像是研究导师或学习伙伴，而不仅仅是评判者。这种角色的转变使学生能够在自我表达和错误修正中不断进步和提升，同时帮助教师更准确地捕捉到学生思维的亮点和盲点。对于概念的形成而言，这种开放的评价模式极大地促进了学生对物理知识的再加工，使概念不再是静态、僵化的知识点，而是变成了具有生长性的认知结构。

将以学生为中心的教育理念付诸实践，不仅要求教师具备扎实的学科知识和精湛的教学技巧，还要求教育部门和学校管理层提供更多的支持和资源，以便教师能够进行案例研究和反思性实践。持续优化概念教学需要教师在教学过程中不断观察学生的行为和反馈，积累案例和数据，然后通过教研组的讨论或跨校的经验交流，对教学设计和策略进行迭代更新。随着社会对学生综合素养和创新能力需求的不断增长，也为学校营造更宽松的教学环境提供了现实基础，从而赋予教师在实现学生主体性、强化实验探究和深化情境教学等方面更大的自主权。在这样的教学环境中，学生往往更愿意积极参与概念的构建过程，更倾向于将物理学习视为一种基于兴趣和创造性的活动，这正是以学生为中心的教育理念在初中物理教学改革中不断追求的终极目标。

第二节　概念建构的心理学基础

一、感知觉与物理概念的初印象

自出生起，人类便一直依赖视觉、听觉、触觉等多种感官来获取外界环境的信息。这些连续不断的感知信号，在个体的大脑中经过一系列生理和认知的加工过程后，逐渐升华为对事物本质及规律的初步判断。这种从原始感官到认知框架的转变，同样适用于物理概念的建构过程。当初中生在物理课堂或日常生活中与各种自然现象互动时，包括速度变化带来的运动感、冷热温度差形成的舒适或刺痛知觉，以及观察物体在不同轨道或介质中运动的轨迹，都能在最初阶段激活他们的感知觉系统。这种激发以一种近乎本能的方式，为他们日后更高层次的物理思维奠定基础。许多教育心理学研究者认为，物理概念的初步印象往往源自学生对显而易见的现象或刺激特征进行直觉性的提炼。也就是说，在面对重力、摩擦力或电磁作用等较为抽象的自然要素时，如果学生能够与实际情境建立直接联系，他们通常会先形成“力会让物体移动”或“温度升高会带来热感”等近似原始的思维雏形。这些雏形虽然不一定严格符合科学定义，但在概念深化过程中却具有启蒙意义。

在学习过程中，视觉的作用往往显得尤为关键。当学生观看教师演示实验或观察自然界中的运动现象时，他们获取的直接视觉信息会迅速转化为对物理现象的初步理解。例如，看到纸片在风的作用下飘扬，他们便可能得出“气流能够吹动轻物体”的初步结论。当实验中使用较重的物体时，他们又会通过感知差异，形成对力与质量关系的直观理解。当然，听觉、触觉、平衡感等在物理学习中同样扮演着重要角色，尤其是在声学、热学或流体力学等领域。例如，让学生聆听不同材料的敲击声并感受振动强度，有助于他们构建对声源、介质传播和声波特性的基础认识。尽管这些初步印象可能带有片面性，但如果教师能够巧妙地运用感知觉的特性来设计启发式教学环节，那么学生对物理概念的主动探索兴趣往往会在不知不觉中被激发出来。

在探讨感知觉与概念形成之间的联系时，建构主义教育理论提供了坚实的理论基础：学生并不是被动地吸收外界信息，而是在其现有的认知结构上，通过同化与顺应的过程，不断调整和完善自己的观念体系。特别是在物理学习领域，当学生观察到的现象与他们先前的假设存在差异时，他们便会进入重新评估概念或经历认知冲突的阶段。这种认知冲突被认为是推动认知发展的关键动力。在这一过程中，教师的角色至关重要。如果教师能够及时设计恰当的对比实验或提出辅助性问题，引导学生在探究现象时不断检验并修正他们的初步理解，那么那些看似直观的感官体验就能够逐步转化为系统的物理概念。以热学为例，如果学生最初仅凭肤觉来判断物体的“热”或“冷”，教师可以引导他们使用温度计或其他测量工具进行精确的数据记录，帮助学生清晰地认识到“热感”与“实际温度读数”之间并不总是完全一致。这样的实践将激发他们进一步探索热量、温度、能量传递等更深层次的物理概念。

同时，神经科学与发展心理学的交叉研究揭示，青少年在面对高强度或新奇刺激时，其感知觉更容易在大脑中留下深刻的记忆痕迹。这种对“新异性”刺激的偏好，同样可以应用于物理教学策略中，以帮助学生对概念形成强烈印象和内在兴趣。如果教师在教学过程中有意识地采用富有情境性、实验性或挑战性的活动，例如让学生站在旋转平台上体验离心力的作用，或在模拟失重环境中感受身体的奇特反应，学生对抽象的物理概念往往会产生更直观且持久的记忆，而不仅仅是停留在公式或定律层面的理解。感知觉所带来的刺激与情境体验，将成为学生构建更高阶抽象概念的重要认知基础，也意味着学生将从自身感官出发，逐步过渡到更具理论性的思维领域。

二、记忆机制在概念存储中的作用

大脑在处理信息时会经历短时记忆向长时记忆的转化，而这一过程对于物理概念的有效内化和应用至关重要。当学生们在课堂上或课后练习中不断接触速度、加速度、热量守恒或电流强度等概念时，他们注意力的集中程度、思维的深度以及是否进行有意义的加工。这些因素都会影响信息在记忆系统中存储的稳定性，进而影响后续解题和知识迁移的成效。教育心理学的研究表明，在传统的灌输式教学模式下，学生往往采用机械记忆的方式背诵公式和定律，虽然短期内看似能够掌握基础概念的表层理解，但这些概念由于“使用频率”或“编码深度”不足，很容易被遗忘。只有在学习过程中结合及时且多样化的复习和深入探究，才能使概念信息在学生的大脑中从短时记忆巩固到长时记忆，并通过情节化或图式化的方式与已有的认知网络建立联系，从而形成更具有迁移性的概念结构。

认知负荷理论在阐释记忆在概念构建中扮演着关键角色。该理论强调，当学生学习复杂概念或进行多步骤推导时，他们的工作记忆容易达到极限。如果教学过程中未能恰当分配认知资源，学生可能会面临概念混淆或思维停滞的问题。为了避免工作记忆的过度负荷，教师必须精心设计教材内容和教学环节。例如，在引导学生理解杠杆原理时，可以先让他们专注于力臂、支点和动力臂之间的关系，然后逐步引入变形实验或相关的数学运算步骤，以防止过量信息同时涌入学生的工作记忆。通过分步骤讲解概念和逐步深入，可以帮助学生将零散的知识点有效地从短时记忆整合到长时记忆中，从而在未来的解题过程中更加轻松地提取相关概念，减少对教材或笔记的频繁查阅。这一过程也展示了教学设计与记忆机制之间的紧密联系：优秀的教学活动通常遵循学生记忆规律的逐步提升原则，使知识点先被“熟记”，然后被“活用”，最终形成一个综合的概念体系。

此外，记忆的联想和提取机制是值得深入研究的课题。当学生在学习跨学科的概念，如“能量守恒”或“热传递”时，如果能够将所学知识与日常生活或其他学科内容相联系，通常会在他们的大脑皮层中形成更多的神经突触连接，使得记忆的提取变得更为轻松。教育研究者反复强调联想记忆与情境化学习的结合，比如，当学生在小组实验中反复测量铁块在热水中的温度变化，并将其与其他材料的保温特性进行比较时，他们往往会主动将过去学到的物质特性、热力学定律与实际观察相结合，在记忆系统中构建起“物质—热量—温度”的复合概念框架。只要学生能够建立多渠道、多维度的概念联系，他们在后续学习阶段将更愿意对相似原理进行迁移，并在新情境中迅速提取和应用先前储存的相关信息，这正是知识有效迁移和灵活运用的核心。

深入研究记忆机制后，教育工作者能够相应调整评价方法和习题设计，以满足学生巩固概念的需求。与单纯强化应试技巧相比，重视探索性和项目型学习活动更有利于将“被动记忆”转变为“主动建构”。当学生参与一项涉及综合应用力学、电学和热学概念的微型研究项目时，他们会自发地从记忆中提取相关概念和规律，并结合实验数据或文献资料进行深入整合。尽管这一高认知负荷的过程颇具挑战性，但它能显著提升概念记忆的稳定性和持久性。同时，教师在评估学生的学习效果时，可以利用情境化的探究任务来检验他们对核心概念的掌握程度和应用能力。如果学生能够灵活运用概念，并对新问题情境做出合理解释或分析，这表明他们的记忆加工和提取系统已经相对稳定，对于概念的再学习或进一步拓展也更为可行。

三、思维发展对概念理解的推动

对于初中生来说，随着思维发展水平的逐步提升，他们对概念的理解能力也随之增强。特别是在他们从具体运算思维阶段过渡到形式运算思维阶段之后，对抽象概念和逻辑结构的接受能力显著增强。这一点在皮亚杰的认知发展理论中得到了详尽的阐述。在具体运算阶段，学生更倾向于依赖可感知的直观材料或可视化情境来理解概念。例如，在讲解力的合成或分解时，如果教师能够利用色块示意图或相应的实验器材进行动态演示，学生更容易形成清晰的心理表征，并在脑海中构建出概念图像。随着思维水平的进一步提升，学生将能够理解那些对抽象推理能力要求较高的内容，如能量守恒、波动规律或电路分析等。这是因为此时的学生已经开始能够超越直观操作，运用符号体系和数学推导过程来进行更为灵活的思维活动。

正是由于思维发展的多样性，教师在规划概念教学时必须考虑到学生在认知发展上的不均衡性。一些学生可能尚未完全掌握形式运算思维，却已在数学或逻辑推理方面表现出天赋。在这种情况下，教师可以适当提供更具挑战性的概念分析任务，以避免他们陷入机械的“重复模仿”式学习。同时，有些学生可能需要更多的感官刺激或动手实践，以便建立对物理现象的直观理解。针对这一群体，教师应通过情境化教学或合作实验，为他们创造动手探究与真实情境相结合的机会，让他们通过具体操作来领悟概念的精髓。思维的发展并非一蹴而就，而是一个伴随着认知冲突、错误假设的修正以及反复验证的循环过程。物理概念的构建在这个过程中不断深化与提升，学生对事物的理解逐渐从“眼见即真”过渡到“逻辑可证”，进而发展到能够推断并预测在不同条件下的结果。这种思维发展与概念理解的融合，赋予了初中生在后续学习旅程中更多的主动性和创造性。

当思维的演进与物理概念相互促进时，学生对科学方法论的理解也会逐渐深化。众多研究者强调，中学时期正是培养学生的科学思维和批判精神的关键时期。如果教师能在概念教学中融入逆向思维训练和假设检验，学生便会在掌握概念的同时，自发地提出“为什么”“如何证明”甚至“如何推翻”的问题，即对科学本质的探索。思维能力的提升不仅体现在对公式或实验现象的死记硬背，更体现在对概念内涵和逻辑结构的主动构建。例如，在分析某一运动规律时，学生已经能够利用时空坐标、函数图像或矢量分解来进行更高级的抽象思维，而不是仅仅停留在感性认识和简单结论上。这样的发展过程对于物理概念的深入理解和吸收极为有益，同时也为学生在更高层次的学习中奠定了坚实的基础。

鉴于学生思维发展水平的差异，分层教学和分组探究成为有效的教学策略。教师可以根据学生现有的认知结构、逻辑思维能力和抽象推理水平，设计不同层次的探究活动。对于那些已经具备一定抽象思维能力且喜欢挑战的学生，可以提供更广泛或更深入的拓展题目，激励他们自主设计实验或提出新的见解。而对于那些仍需依赖大量感观材料来辅助理解的学生，则可以安排更直观、更形象的实验演示和操作环节，帮助他们在具象体验中逐渐培养抽象思维的种子。这种方法不仅能够减少因思维发展差异导致的挫败感和焦虑情绪，还能为各类学生提供最适宜的思维训练机会，真正实现物理概念构建过程中的个性化教育，最终促进班级整体在思维和认知水平上的提升。

四、情感因素对概念学习的影响

众多教育研究与实践揭示，学生在掌握物理概念时所展现的情感态度，会直接或间接地影响他们的学习动机、认知投入以及对概念理解的深度。若学生对物理学习抱有浓厚兴趣或对自己的能力充满信心，他们往往会在遇到难题时主动思考并尝试多种解决方案，而不是轻易放弃或依赖他人。反之，如果学生普遍对物理感到畏惧或对抽象概念感到焦虑，他们在概念学习过程中就容易表现出注意力不集中、参与度低和认知投入不足的消极状态。情感因素包括内在动机、成就感、学科兴趣、自我效能感等多个维度。当这些情感变量与认知过程产生积极的相互作用时，学生会在学习中感受到对概念的好奇与渴望，从而深入加工和探索所学内容，使得概念更容易被内化到长期记忆中。然而，当情感因素呈现负面时，就会陷入“学不会就不想学，不想学就更学不会”的恶性循环，导致物理概念的构建过程持续受阻。

自我决定理论和期望价值理论为学习动机研究提供了理论框架。前者认为，如果学生在学习过程中体验到自主性、能力和归属感，他们更可能对学科产生内在兴趣，并愿意投入更多精力以深入理解概念。而后者则强调，学生对学习任务预期的回报以及对任务难度的主观评估，将影响他们的学习动机和行为倾向。物理教师可以将这些心理学理论融入教学设计，采取多种策略来营造积极的情感氛围并激发学习动机。例如，在讲解牛顿定律或电磁感应等抽象概念之前，教师可以先展示一些能够激发学生好奇心的影片或历史故事，从而在学生心中培养对即将学习内容的初步和进一步兴趣。当学生在概念推理或实验方面取得一定进展后，教师应根据他们的进步和努力程度给予明确的肯定和表扬，帮助他们培养自我效能感和成就感，进而形成更持久、更稳定的学习动力。

在课堂管理和人际互动方面，情感因素扮演着至关重要的角色。当师生之间或同学之间维持着友好且支持性的互动氛围时，学生更愿意在概念学习过程中提出问题和进行尝试。即便遭遇错误或挫折，他们也不太可能轻易放弃，而是会不断积累经验，形成灵活的见解。相反，如果师生关系紧张，或者同伴环境中存在嘲笑和排斥，学生往往会对展示自己的思维过程或提出问题感到抵触。长此以往，他们可能只能停留在表层的概念模仿和记忆上，缺乏深入的探究和创造。情感支持可以通过多种方式在物理教学中实现，例如使用鼓励性的语言、合作实验、分组讨论和游戏化教学等。如果学生在这些活动中感受到被尊重和重视，他们更容易培养出积极的学习态度，这对于深入理解和内化抽象物理概念具有极大的推动作用。

关注情感因素能够协助教师更精确地介入学生在概念学习过程中可能遇到的心理障碍，例如由畏难情绪引起的逃避行为、自我怀疑导致的认知停滞，以及兴趣缺乏造成的注意力分散等。教师若能在教学活动中及时识别学生流露出的焦虑迹象或厌学情绪，便能通过更灵活多变的教学策略给予他们情感上的支持和认知上的指导。例如，将复杂的概念拆解为几个相互关联的小步骤，提供更周密的阶段性指导，或在评价时采取更为宽容的态度，帮助学生逐步建立自我效能感，并在持续的正面反馈中克服对物理学习的恐惧。当学生的情感与概念学习产生积极互动时，他们不仅更愿意接纳新的物理知识，还能在日常生活中主动观察和思考，并勇于将所学概念应用到更广阔和未知的领域，不断扩展对世界的认识和探索的范围。

情感因素在物理教学的每个环节中都发挥着重要作用，影响着概念学习。从课前的预热活动、课堂互动，到课后的练习与评价反馈，教师可以通过调节学生的情绪、态度和内在动机，激励他们在学习过程中不断深化对物理概念的理解和掌握。对于教师来说，注重情感并不意味着降低对学科严谨性的标准，而是通过更加人性化和心理学导向的方法，创造一个舒适且能激发学生潜能的学习环境，帮助他们构建概念，实现高质量的物理学习目标。同时，这一过程也帮助学生积累可应用于其他学科和生活领域的关键心理资源和思维技能。在情感健康和认知能力的双重促进下，学生将能更深入地理解物理概念背后的逻辑和科学意义，并在未来的学习和生活中展现出积极且持久的探索精神。

第三节　物理概念的分类与定义

一、概念分类的依据与标准

物理概念的分类不仅关系到物理学理论体系的逻辑性和科学性，还需充分考虑学生的认知规律和学习需求，以确保分类能在教学实践中发挥其引导和辅助作用。这种分类不仅有助于物理学内部对知识体系的整理，也是物理教育过程中为学生提供清晰知识框架的基础。对于初中物理教学来说，概念分类尤其需要兼顾系统性和实用性，以适应学生从掌握基础知识到构建复杂概念这一递进式学习过程的特点。

从物理学的学科特性出发，概念的分类依据主要涵盖物理量的性质、现象的特征、抽象层次的差异以及应用领域的多样性。在物理量性质的分类中，基本量与导出量的区分是最为普遍的。基本量是指在物理学中作为其他量度量基准的、不可进一步划分的量，如长度、质量、时间等，它们构成了物理量体系的基础。相对地，导出量是在基本量的基础上，通过数学公式和逻辑推理得到的衍生量，如速度、加速度、动量等。这种分类方法不仅在物理学研究中扮演着关键角色，而且有助于学生把握物理学科的内在结构，引导他们在学习过程中形成从基础到高级、从单一到综合的认知逻辑。

依据物理现象的特性进行分类，是物理学教学中常用的一种方法。物理概念可以细分为力学、电学、热学、光学、声学等多个领域内的不同概念群组。这种领域划分方法让学生能够更有针对性地学习每一类现象的特定规律，并掌握与其相关的基础理论。以力学学习为例，学生首先需要掌握力的基本概念及其与运动的关系，随后才能逐步深入学习动力学、能量守恒等更为复杂的知识领域。这种分类方式有助于构建学生对每一类物理现象的系统性认识，并使他们能够根据概念之间的内在联系，逐步拓展对物理世界的理解。

除了物理量的性质和现象的特征，抽象程度的差异同样是分类的关键标准。从具体到抽象的分类顺序符合学生的认知发展规律，这是一种在教学实践中普遍采用的分类策略。在初中阶段，学生往往从具体的物理现象和直观的感知开始，逐步过渡到对抽象概念的理解。例如，在讲解力的概念时，可以先让学生接触重力、弹力、摩擦力等具体实例，通过实验观察这些力的作用现象，再逐步引导他们理解力的合成与分解、力矩等更为抽象的概念。这种分类方式的价值在于帮助学生通过感性认识向理性思维过渡，从而在学习过程中逐步提升他们的抽象思维能力和逻辑分析能力。

物理学的实际应用领域为概念分类提供了另一个依据，这种方法通过跨学科的视角向学生展示了物理学在不同领域的广泛应用。例如，工程物理、生物物理、环境物理等分支领域的物理概念，有助于学生理解物理学不仅是一门基础科学，而且是解决实际问题的关键工具。这种分类方法能够激发学生对物理学应用的兴趣，并引导他们在学习过程中更多地关注物理学与其他学科的交叉与融合，从而培养他们综合运用知识解决问题的能力。

在进行物理概念分类时，坚持科学性、系统性和适应性的原则至关重要。科学性要求分类的依据和标准能够准确反映物理学科的内在逻辑和知识结构；系统性强调分类需要覆盖物理学的主要内容，确保不遗漏重要领域；适应性则要求分类方式能够适应学生的认知发展水平，既不过于抽象难懂，也不过于简化。在教学实践中，教师需要根据学生的具体学习需求灵活选择分类标准，并在教材编排、课堂设计和实验教学中充分展现这些分类的价值，以帮助学生更好地理解和掌握物理学的核心内容。

二、基本概念与衍生概念的区分

在物理学的知识体系里，基本概念与衍生概念之间的联系构成了理论构建和问题解决的重要基础。这种区分不仅在学科研究中具有深远的意义，而且在物理教学实践中为学生构建系统化的知识网络提供了清晰的路径。基本概念是物理学中核心的概念，它们通常是通过直接观察或实验获得的，并在物理学的发展过程中成为其他概念推导的基础。衍生概念则是在基本概念的基础上，通过数学运算、逻辑推理或实验探究产生的，它们具有更高的复杂性和更广泛的应用性。对基本概念与衍生概念的明确区分，有助于学生在学习过程中把握物理学的核心思想，逐步培养对知识的结构化理解能力。

基本概念是物理学中不可或缺的要素，具有直观性和普适性。例如，长度、质量、时间、电流等基本量是物理学中最基本的物理量，它们为描述自然现象提供了最基本的概念。在初中物理教学过程中，学生必须首先掌握一系列基础概念，并深入理解其定义、测量方法和单位制，以便在后续学习中能够灵活运用这些概念进行科学描述和计算。基础概念的教学应当强调直观性和体验性，通过具体的实验和日常生活中的实例，让学生体会到这些概念与现实世界的紧密联系。例如，通过实际测量长度和时间，学生可以直观地理解速度的概念；通过观察物体的重力和弹力，学生能够初步构建对力的基本理解。这种从直观到抽象的教学策略不仅符合学生的认知发展规律，也为他们理解更复杂的物理现象打下了坚实的基础。

衍生概念是在基础概念之上，通过更高级的逻辑推理和数学建模所形成的。例如，速度和加速度是基于长度和时间导出的量，而功和能量则是通过力与位移的关系引入的更高级概念。这些衍生概念通常具有更高的抽象性和理论深度，要求学生在掌握基础概念的同时，通过数学运算和逻辑推理来深入理解。在教学过程中，衍生概念的引入通常伴随着复杂的公式推导和实验验证，这无疑对学生的数学技能和逻辑思维能力提出了更高的挑战。以动能定理的教学为例，教师需引导学生从力学能的基本概念出发，通过推导功与动能变化之间的关系，最终达到对动能定理的深刻理解。这种教学策略不仅有助于学生掌握衍生概念的理论基础，还能有效培养他们的推理能力和科学探究精神。

基本概念与衍生概念的区分在教学设计中具有重要意义，它能够帮助教师合理安排教学内容的层次和进度，从而更有效地引导学生的学习。例如，在讲授热学时，教师可以从温度和热量等基础概念开始，通过简易的实验和日常生活实例，让学生初步了解热现象的基本规律。随后，教师可以逐步引入比热容、热功转换效率等扩展概念，并结合实验探究与公式推导，帮助学生深入理解更复杂的热学理论。这种循序渐进的教学方法能够确保学生在学习过程中持续保持对物理学的兴趣，并在掌握基础概念的基础上，更轻松地理解和应用衍生概念。

在实际教学中，基本概念和衍生概念的教学需要相辅相成。在讲授基础概念时，教师应强调概念的直观性和操作性，利用具体的实验和生活实例激发学生的学习兴趣。在引入扩展概念时，教师则应关注概念间的内在联系，通过逻辑推理和数学建模引导学生逐步构建知识网络。这种融合了感性认识与理性分析的教学策略，不仅能够加深学生对物理概念的理解，还能培养他们的科学思维和问题解决能力，为后续学习打下坚实的基础。

三、定义物理概念的方法与原则

物理概念的定义构成了物理学科知识体系的核心，其科学性和严谨性直接影响学生对物理现象和规律的深刻理解以及概念间逻辑的连贯性。一个精确且严格的物理概念有助于学生构建清晰的认知框架，同时预防学习过程中可能出现的混淆或误解。为了保证定义的科学性，物理概念的建立必须遵循特定的方法和原则，既要反映学科逻辑的严密性，也要符合学生的认知规律和学习需求。

定义物理概念的方法可以从理论与实践两个层面展开。在理论层面，界定一个物理概念通常需要借助其他已知概念和公理体系，通过演绎推理来明确其本质属性和适用范围。这种方法确保了物理概念的理论一致性，使其在整个物理学知识体系中能够有机衔接。例如，速度的定义基于位移与时间的比值，而加速度则是速度对时间的变化率，这些定义通过数学表达式精确地描述了概念的本质属性，为学生在学习过程中掌握其物理意义和运算规则提供了坚实基础。在实践层面，物理概念的界定往往结合具体实验或实际现象，通过观察与归纳的方式揭示自然规律的基本特征。例如，力的定义可以通过实验观察物体运动状态的改变归纳得出，而热量的定义则通过能量传递的实验现象加以界定。理论与实践相结合的界定方法，能够有效地将抽象概念与具体现象联系起来，帮助学生更直观地理解概念的内涵与外延。

在定义物理概念时，需要遵循一定的原则以确保定义的科学性与教学的实用性。明确性是物理概念定义的首要原则，一个清晰明确的定义能够避免学生在学习过程中因模糊或多义而产生困惑。例如，在定义电流时，需要精确说明其是单位时间内通过导体横截面的电荷量，以确保学生能够准确理解其物理意义和量化方式。系统性是另一个重要原则，物理概念的定义应当与物理学科的整体逻辑保持一致，并能够在整个知识体系中找到明确的位置。例如，能量的定义需要与功、热量、动能等概念相互关联，从而形成一个完整的知识体系。除此之外，教学适应性也是概念定义需要关注的关键点，一个适合学生认知水平的定义能够帮助他们更轻松地接受和掌握新概念。例如，在初中物理教学中，对于复杂概念可以采用简化定义，而在高年级或更高学段则逐步引入更严谨的数学描述和理论推导。

物理概念的定义方式对学生理解这些概念的效果有着直接的影响。在教学过程中，教师必须关注定义的准确性和逻辑性，以防止由于语言表述的不精确而引起学生的误解。以功的定义为例，必须明确指出功是力与力的作用点沿力的方向移动的距离的乘积，而不仅仅是“力与位移的乘积”，从而确保学生不会忽视位移方向在计算功时的重要性。此外，定义的表述还应考虑学生的理解能力，通过结合图表、实验和具体实例等多种教学手段，帮助学生在直观感受的基础上深入理解抽象的物理概念。

定义物理概念的方法和原则对物理教学具有重要的指导意义。在教学设计过程中，教师应依据学生的学习进度和认知特性，灵活运用不同的定义方法，并结合多样化的教学策略。例如，对于那些直观性较强的基本概念，教师可以通过实验观察和实例引入来定义，而对于那些抽象性较高的衍生概念，则可以通过公式推导和逻辑分析来引导学生逐步理解。在教学过程中，教师还应密切关注学生对概念定义的理解和应用情况，通过提问、讨论和练习等多种方式，帮助学生巩固和深化对概念的掌握。

第四节 物理学中的基本量、派生量及其相互关系

一、基本量的确定与意义

在物理学领域，确立基本量是构建整个学科知识体系的基石。这不仅是对自然界基本现象进行描述的逻辑需求，也是科学研究中实现统一性和普适性的关键。基本量的选取并非随意，而是基于科学家们长期的实验和理论推导。这些量必须具备最小性和独立性，为其他量的表达和推导提供坚实的基础，并在物理现象的测量和表述中展现出简洁性和普遍适用性。

确定基本量的过程必须在物理学理论体系的完整性与操作层面的可行性之间取得平衡。在现代物理学框架内，国际单位制（SI）确立了七个基本量：长度、质量、时间、电流、热力学温度、物质的量以及发光强度。它们之所以被认定为基本量，是因为它们在自然界中普遍存在，并且可通过直接测量得到稳定且可靠的数据。例如，长度的基本单位——米，是依据光在真空中的传播速度定义的；时间的基本单位——秒，是基于铯-133 原子基态超精细能级跃迁的频率来定义的；而质量的基本单位——千克，则是参照国际千克原器来确定的。这些基本量的选定与定义，不仅体现了物理学研究的逻辑性，也反映出科学家们对自然法则的深入洞察。

基本量的意义远远超越了学科内部的定义和测量，它们构成了物理学描绘自然现象的基石，也是构建物理规律的关键成分。所有复杂的物理现象最终都能够通过基本量及其组合来解释和描述。例如，牛顿运动定律中涉及的质量、加速度和力三者之间的关系，可以追溯至对质量这一基本量的定义；而热力学定律中所包含的温度、能量等量，同样依赖于热力学温度这一基本量的精确表述。基本量使得物理学能够对复杂的自然现象进行统一的表述，为研究者提供了标准化的工具，并为学生的学习和理解提供了逻辑上的起点。

在初中物理教学中，基本量的引入需要特别关注其直观性和可操作性。学生在学习长度、质量和时间等概念时，可以通过实验和生活实例理解这些量的实际意义。例如，通过测量身高或桌子长度，可以帮助学生初步感知长度的单位和测量方法，通过称量物体的质量，可以让学生理解质量的单位和测量工具的使用。教师需要将基本量的教学与学生的实际经验相结合，使其不仅理解量的定义，还能掌握其测量和表达的方法，从而为后续学习复杂概念和公式打下坚实的基础。

基本量的意义还体现在它是理论推导和实验研究的起点。在科学研究中，基本量的精确测量和规范使用，直接关系到理论验证和技术应用的可靠性。例如，长度单位的精确定义为纳米技术的发展提供了基础，时间单位的高精度测量推动了天文观测和卫星定位技术的进步。这些实际案例不仅可以激发学生对基本量的学习兴趣，也可以使他们更深入地认识到基本量在科学研究和社会发展中的重要作用。

二、派生量的推导与逻辑

派生量是通过数学运算和物理规律从基本量中推导出的量，它们的存在不仅丰富了物理学对自然现象的描述维度，也揭示了物理量之间的内在联系和逻辑性。派生量的推导过程体现了物理学对自然规律的深入探究和抽象表达，它们既是对基本量的拓展，又是连接具体现象与理论模型的桥梁。

派生量的推导建立在物理学的基本定律和数学工具之上。以速度为例，它是位移与时间的比率，其推导依据是运动的基本定义。加速度，作为速度随时间变化的率，是牛顿第二定律的核心变量，它直接揭示了力与运动之间的联系。功和能量，作为力与位移的乘积，提供了力学中物体状态改变的量化描述。这些派生量不仅在形式上是基本量的组合，而且在概念上为解释物理现象提供了新的视角。例如，通过引入加速度的概念，我们可以更深入地理解非匀速运动的特性；通过引入动能和势能，我们能够系统地分析能量转化与守恒的规律。

在教学过程中，派生量的推导过程应当重视学生的逻辑思维能力和数学基础。教师可以借助逐步深入的推导步骤，帮助学生理解派生量的物理含义和数学表述。例如，在引入速度概念时，可以从学生熟悉的日常生活场景入手，如汽车行驶的路程与时间的关系。通过比较不同情境下的速度差异，逐步引导学生掌握速度的定义及其计算方法。在引入功的概念时，可以通过实验展示物体在不同力作用下的位移变化，从而总结出力与位移方向关系的重要性。这种教学策略不仅有助于学生理解派生量的核心，还能促进他们抽象思维和逻辑推理能力的发展。

派生量的逻辑性还体现在其对物理现象间关系的揭示上。例如，在力学领域，引入派生量动量能够更精确地描述物体的运动状态及其变化。在电学领域，通过派生量电阻、电压和电流之间的关系，可以系统地阐释电路中的能量传递和分配。这种逻辑性不仅为物理学研究提供了理论工具，也为教学中的知识组织和传递提供了坚实基础。教师可以利用派生量之间的内在联系来设计教学内容，帮助学生在学习过程中领悟物理学知识的系统性和整体性。

在实际应用领域，派生量的推导能力是解决复杂问题的关键。例如，在工程设计中，通过速度、加速度等派生量可以预测系统的动态响应；在能源管理中，通过功率和效率等派生量可以评估设备的运行性能。这些应用场景为派生量的教学提供了丰富的实例，使学生在学习过程中能够认识到派生量的实际应用价值和社会意义。

派生量的推导和逻辑不仅是物理学研究的关键组成部分，也是物理教学中培养学生能力的核心内容之一。通过系统学习派生量，学生能够掌握从基础概念到复杂模型构建的整个过程，从而培养他们分析和解决问题的能力，并且领略物理学作为一门基础科学所蕴含的内在逻辑之美。

三、基本量与派生量的数学关联

基本量与派生量之间的数学联系构成了物理学研究的核心逻辑之一。这种联系不仅揭示了物理量之间的从属关系，而且为科学家构建物理模型和描述自然规律提供了关键工具。通过数学运算，基本量可以被整合或组合成派生量，而派生量又依赖于基本量的定义和性质，形成一个相互依存、紧密相连的量体系。在物理教学中，理解这种数学联系有助于学生掌握从基础到复杂的知识路径，并在解决实际问题时能够灵活运用物理量之间的关系。

数学关联的首要体现是派生量的定义通常基于基本量的组合。例如，速度作为派生量，是位移（基本量）与时间（基本量）的比率，而加速度则是速度随时间的变化率，进一步将位移与时间的二次关系纳入研究范围。这些定义不仅揭示了基本量之间的逻辑联系，也为描述运动状态和变化过程提供了精确的数学表达方式。学生在学习这些概念时，需要通过数学公式来理解其内在逻辑。例如，位移公式 $s=vt$ 和加速度公式 $a=v/t$，展现了位移、时间、速度和加速度之间的多层次联系，这种数学联系性是学生进一步理解复杂物理规律的重要基础。

在热学中，温度和热量之间的关系也展现了基本量与派生量的数学关联。例如，比热容这一派生量，是通过热量（基本量）、质量（基本量）和温度变化（基本量）之间的关系来定义的，其公式表达为 $Q=mc\Delta T$。这种关联不仅体现了热学现象中的能量传递特性，还通过数学公式将热力学基本定律与具体问题相结合，使学生能够从定量角度分析和预测热量的流动及其影响。在电学领域，电流、电压和电阻的关系是基本量与派生量关联的又一典型案例，欧姆定律 $V=IR$ 通过数学表达式揭示了三者之间的依赖性和相互作用，这种逻辑关联在电路设计和分析中具有重要意义。

数学关联的另一个关键体现在于通过派生量将基本量连接至更复杂的层次。以力学为例，动量这一派生量是通过质量与速度的乘积来定义的，它进一步揭示了质量（基本量）与运动状态（由速度体现）的综合特性。动量概念的引入不仅为物体运动变化的描述提供了新的维度，而且为动量守恒定律的形成奠定了基础。这种通过派生量来构建基本量之间数学联系的方法，不仅增强了物理学对自然现象的解释力，而且在物理教学中，它帮助学生理解了不同概念之间的相互作用。

在教学实践中，教师应借助具体的案例和问题情境，引导学生掌握基本量与派生量之间的数学关系。例如，在阐释力学中的加速度概念时，教师可以分析自由落体运动，将物体的位移、时间和速度变化相结合，以揭示基本量之间的动态关系。在电学领域，设计简单的电路实验，引导学生测量电压、电流和电阻，进而验证欧姆定律。这种以实际问题为基础的教学方法，不仅加深了学生对概念的理解，而且培养了他们的数学推导和逻辑思维能力。

掌握基本量与派生量之间的数学联系，对学生解决现实问题具有重大意义。在工程领域，设计工程师必须依据派生量的数学定义来计算复杂系统的关键参数。例如，利用动能公式来预测物体在不同速度下的能量状态，或在热力学中，应用热功转换效率公式来评估发动机的性能。这些实例不仅能够点燃学生对物理学习的热情，还能让他们深刻理解数学联系在科学研究和技术创新中的实际应用。

基本量与派生量之间的数学联系构成了物理学框架中的关键纽带。通过数学公式和逻辑推理，这些联系将物理现象的基础属性与错综复杂的规律紧密相连，为学生开辟了一条从具体问题到抽象模型的探索之路。系统地掌握这些数学关联，不仅使学生能够深刻理解物理学的核心概念，而且有助于培养他们分析和解决问题的能力。

第二章　物理概念的历史演进与思维变革

第一节　从经验到理论：物理概念的生长路径

一、生活实践中的经验积累与初步感知

生活实践是物理概念最初的温床。在远古渔猎与农耕社会中，人们在与自然环境的持续互动中形成了对力、运动、冷热、明暗等现象的感性印象，这种印象最初仅仅表现为对规律性的模糊体认，例如“水往低处流”“石块抛出终会落地”“干草在阳光下会变热”。然而，即便在缺乏计量工具与系统语言的阶段，这类朴素经验已经隐含了对时间、空间与因果联系的原始分辨能力。随着生产工具的改进，人类的知觉被迫细化：制陶匠通过观察黏土在不同火候下的变化，意识到温度与材料性能存在深刻关联；车匠在车轮装配过程中体会到圆周运动与摩擦阻力的内在关系；渔民借助潮汐节律预测海水升降，在直觉中便形成了周期运动的基本观念。所有这些被动或主动的体验，为概念的发生积攒了丰富的感性资料。

经验积累的另一面是语言符号的逐步沉淀。当部落成员需要在集体劳动中共享操作诀窍时，口语化的描述逐渐被固化为隐含度量的术语，如“沉”“浮”“重”“轻”“快”“慢”。这种半经验半语言的表述虽然尚未脱离个体感官，却在无形中对事物概念有了初步界定，让后来者得以在既有语

境里继续精细化区分。进入文明社会后，数学记数系统的引入使得定量比较成为可能：巴比伦人用弦长表解决天文测量，古埃及工程师用肘尺刻画尼罗河泛滥后的土地高差，均在无意识间推进了数值化的观念框架。此时对同一现象的观察已经包含两个层面：外在效应的重复再现及其数值刻度的对应关系。因此，生活实践不仅提供直观图景，也塑造了思想方法，使“测量—比较—归纳—修正”这一日后科学研究的核心循环雏形在民间智慧中得以初映。

感知与经验并非静态堆砌，而是一种经由行动而不断被验证、被淘汰、被更新的动态网络。每一次工具革新都会让显而易见的事实变得可疑：青铜兵器的硬度差异促使工匠察觉原料成分对力学性质的影响；水利工程的失败敦促治水官员重新估定流速与阻力之间的关系。感性认识因无法解释例外状况而显得不够充分，于是更抽象的结构在心智中悄然形成，用以统摄碎片化印象。正是这种在实践漩涡中不断自我否定、再生的历程，使得初步感知由零散的、具身的反应，缓慢转向可传授、可批判的准理性表象。传统文化中的工艺口诀、口头诗篇与传世笔记，虽常被视为经验主义的象征，却也是人类认识从非系统走向系统不可或缺的阶梯。随着农业社会向早期城市文明的过渡，劳作场景的复杂化进一步拓宽了观察维度：冶铁炉温的调控暴露出热与体积膨胀的互动细节，远距离的商旅活动在路程计算中积累了对匀速与变速的区分感受，编钟与律管的制造让工匠直接面对振动频率对音高的决定作用。归根究底，这些技术层面的微妙难题都是自然现象在人工尺度上的压缩与放大，它们迫使朴素概念接受近乎实验性的检验，当试错成本达到不可忽视的程度，经验主体便会自发寻求更具预测力的符号体系，以减少未来操作的风险与浪费。此时“概念”第一次显露出工具理性的锋芒——它不再满足于描述过去，而开始主动塑造行动的可能。

在社会分工日趋专业的背景下，经验的个体化被强烈的公共需求重新整合。例如，古希腊城邦的水钟诉讼强调时间测量的客观一致，迫使艺匠为“等时性”这一抽象属性提供可复制的装置。集体对准性与跨时空的可验证性成为衡量经验价值的新标尺，也为后起的理论化创造了外部牵引力。

可以说，生活实践中的经验充当了种子，而制度化需求就是肥沃土壤，二者共谋，使得人类最初的感性体验突破了地域与职业的局限，在更广阔的文化空间里产生共鸣与批评，从而准备好迎接理性概念的萌发。

二、经验归纳向科学理论升华的关键节点

当经验积累在数量与复杂性上达到某种临界状态，原本松散无序的个体事实便呈现出结构性缝隙，促使科学思维以更高阶逻辑加以整合与升华，从而形成可迁移、可重构的理论框架。此类升华过程通常伴随着三类关键转变。其一，经验语言向数学表征的转化，即自然现象通过抽象符号获得计算可操作性，如巴比伦天文学将行星运行归入数表结构，或阿基米德以几何推理诠释杠杆平衡，从而在符号层面对因果逻辑进行理性编码。其二，实验装置对隐变量的控制与提取，例如伽利略借斜面与水钟将时间维度由感知模糊转化为量化指标，使“瞬时速度”首次具备建模可能。其三，经验事实间的统一构造，即不同领域规律通过形式归纳实现范式化整合，如牛顿三定律将力学、天体运动与碰撞行为纳入统一的演绎体系，并可由基本假设递推出无限多个次级命题，从而确立理论作为知识“根基装置”的地位。

在更广阔的历史视域中，理论跃迁往往依赖度量尺度与逻辑结构的双重突破。前者指对自然现象观察精度的扩展，如托里拆利实验通过制造实验性真空使人类首次接近极端稀薄状态，进而揭示空气压力的存在；后者则涉及解释结构的重构，如玻尔在解释原子光谱时，引入“量子跃迁”这一离散模型以替代经典连续观，最终形成以希尔伯特空间为基础的量子语言系统。度量与逻辑的扩展不仅提升理论覆盖范围，也改写了问题设定的语法规则，使科学推理从经验推断上升为演绎系统内部的自洽变换。

在教学层面，理论升华的核心表现为学生对变量间“隐含不变性”的觉察能力，即由现象表层的多样性抽取出结构层面的恒定模式。例如，在简谐摆实验中，如果学生能通过数据处理识别周期对摆长的敏感性而非振幅的影响，即意味着其已从直观依赖转入变量控制思维。此类认知转换不

宜由教师直接灌输公式，而应通过设计具备复杂扰动与模糊趋势的原始数据场，引导学生主动建模并经失败试探逐步逼近内在规律。历史中的理论跃迁可在课堂中微缩重演，使抽象概念由学生自身在实验与讨论中“浮现”而非“接收”。

同时，也应该认识到，理论构建并非否定经验，而是在更高维度重构经验，赋予其统一、演绎与预测的能力。无论是万有引力常数的测量依然需依赖精确观测，还是量子扰动理论必须以谱线实验数据为检验基础，都表明经验始终作为理论体系的边界校准与反馈机制。如果教学忽视这一双向互动，仅将理论作为静态知识传授，学生便难以理解科学作为“不断归纳与不断推翻”的动态系统的本质，进而削弱其未来提出问题与评价模型的能力。

三、经典实验对经验提纯的推动作用

在物理知识体系的形成过程中，经典实验的作用并非仅限于验证理论或生成数据，更根本的意义在于通过对变量的极致控制与对现象的情境还原，实现对感性经验的“提纯”与转化，使其具备建模、归因与演绎的功能。在这一过程中，实验装置不仅是观测手段的延伸，更是理论思维结构重塑的媒介。

以伽利略斜面实验为例，其关键在于通过机械方式将自由落体过程放缓，从而提升人类在时间维度上的分辨力，使得“瞬时速度”这一抽象概念得以脱离模糊直观并获得量化表达。此种将不可测或不易察觉的连续性转化为可度量变量的实验，为后续牛顿关于加速度与力的形式定义提供了认知前提。

19 世纪物理实验的进一步发展表明，经典实验往往承载多层次功能。一方面，通过物理隔离与环境控制实现变量的精准剥离，如卡文迪许在测定引力常数时以扭秤系统屏蔽多种干扰，使宏观引力现象首次在室内实验室中重现。另一方面，通过实验设计中的放大机制揭示此前未被显化的中介因素，如法拉第在电磁感应实验中利用感应线圈与闭合回路强化磁通量

变化效应，为麦克斯韦统一电磁场提供了基础条件。

仪器技术的进步所带来的观测阈值突破，同样促使理论框架接受更新压力。例如，迈克耳孙—莫雷实验通过干涉仪将光速差异检测精度推至纳米级别，结果却发现“以太风”不存在，这一负结果最终动摇了绝对静止参考系的存在假设，并成为相对论建立的先导事件。而密立根的油滴实验则通过对电荷的微观测量显示其离散性，使得连续电量的假设受到质疑，为量子论的粒子观提供实证支撑。由此可见，实验不仅呈现正向证据，甚至可通过否证性结论催生新理论结构。

从认知角度看，经典实验的价值还在于其强烈的“可重复—可质疑”属性构成了科学共同体内部的信任基础。当实验过程的每一操作步骤、测量误差范围与背景变量都被记录与共享，即可在条件可控前提下复制并检验成果，从而在主观差异中建立集体共识。这种程序化公开所促成的“共识锚定”机制，是物理学从经验到学科体系转化的保证。

而对于物理教学而言，经典实验不应被简化为结论展示工具，而应通过复现过程中的不确定性与探索性，引导学生体验理论建构所依赖的判断、试探与反思逻辑。即使资源有限，教师仍可借助传感器、模拟软件或低成本材料设计小型实验，在保证变量控制基础上让学生经历数据收集、误差分析与模型推导的完整环节。同时，通过组织同组学生多次独立测量同一现象，并对结果分布进行统计比较，使他们在实操中获得“测量是共识过程”这一科学本体论的深层理解。

四、从零散经验到系统理论的整合历程

物理知识的发展从来不是对现象的简单归类，而是将分散经验中的结构信息抽象化、符号化并纳入演绎系统的过程，其核心在于建立概念之间的有序关联，使知识体系具备封闭性、自洽性与可扩展性。系统理论的形成，通常依赖三个相互支撑的技术路径：概念分类、量化度量与逻辑推演。

以麦克斯韦在整合电磁理论中的工作为例。他首先对电场与磁场的实验现象进行系统分类，提出“源—场—介质”三元关系框架，随后以矢量

场语言引入电场强度、磁感应强度等度量变量，最终通过矢量分析工具完成对四组方程的统一建构。在此过程中，系统理论不仅连接了原本看似独立的实验现象，更在形式语言中压缩经验结构，使之具备推导新现象的能力。

类似地，普朗克在处理黑体辐射异常时，通过构建能量量子假设，将经验数据所体现的频率偏移转化为统计解释，从而使热力学与电磁理论之间获得通道连接。这种从现象编码到模型生成的过程，是系统理论整合的典型代表，体现了“新概念建构—变量重置—公式统一”的知识加工链条。

知识整合的社会结构亦对系统理论的形成施加深刻影响。18 世纪欧洲学术期刊制度的建立，使分布于各地的实验报告能够在统一术语与数学语言中传播，19 世纪科学会议机制的完善，以及 20 世纪后引文网络与数据库系统的兴起，更使得理论整合过程具备高频迭代的可能。系统理论因此不仅是个体认知努力的结晶，更是科学共同体共享逻辑结构的产物。

在教学实施中，理论整合能力的培养应超越知识掌握层面，转向思维框架的显性化训练。教师可设置问题情境，使学生在面对大量未经整合的实验数据或图像信息时，必须自行进行变量筛选、量纲构建与公式拟合，从而主动感受“知识碎片—关系建构—逻辑成型”这一整合路径的认知负荷。此种教学安排不仅使学生明确理论形成的“人工性”，更帮助其建立系统性思维习惯。

同时，教育也应警惕整合带来的过度简化与僵化风险。历史表明，当系统理论试图囊括一切时，往往以牺牲细节为代价。例如，托勒密地心体系在连续添加本轮后依旧无法解释所有天文观测，而 19 世纪热容量理论则因忽视微观波动而长期停滞。因此，教学中应保留“理论漏洞”的存在空间，引导学生理解整合不等于终结，而是阶段性表达，理论不是对真理的最终捕捉，而是对经验模式的最优压缩。

第二节　概念演进中的范式转换与思维跃迁

一、不同历史时期物理范式的主要特征

物理学的发展史可被视作一系列知识范式的更迭轨迹，每一范式不仅包含特定的概念体系和数学语言，更隐含了对自然界的基本设定、问题建模方式与解释标准的系统性偏好。以此视角回顾历史，至少可辨识出四种主导性范式：古典质点范式、连续场范式、相对论—量子范式和复杂系统范式。

古典质点范式以牛顿力学为范型，其基本假设是自然界由可定位、具质量的粒子组成，所有运动均可通过确定性微分方程加以描述，空间与时间被视作绝对、均匀且互相独立的背景容器，力作为外源输入作用于粒子上，由此构成状态演化的驱动机制。在该范式中，因果关系被严格还原为时间有序的变量映射，未来行为可由当前状态唯一决定，且系统间的耦合通常呈线性叠加。此结构不仅为工业革命奠定工程学基础，也深刻影响了思维模式中“单变量决定论”的根本设定。

连续场范式则以麦克斯韦电磁理论为起点，将物理实体从粒子推进至分布于空间的场变量。此一范式取消了点对点瞬时作用的设定，而主张作用以有限速度通过连续介质传播，电场与磁场不再是附着于粒子的属性，而被赋予独立存在的实体地位，具备自足的演化机制。该转向迫使物理学引入新的数学语言，如偏微分方程、边值条件与对称守恒律，进而确立场作为物理建模的主语。

20 世纪初，相对论与量子力学分别对时空结构与物质微观行为进行了根本重构。在相对论中，空间与时间被统一为四维流形，坐标间可因观察者状态而互相变换，引力不再是一种力而是时空几何的体现，而在量子力

学中，物理系统的状态不再是确定的变量集合，而是以波函数形式表现的概率幅，测量过程本身也被纳入理论结构。此范式要求数学工具从经典微分方程扩展至算符代数、希尔伯特空间与不确定性原理，同时改变了理论与实在之间的关系，突显观测者角色。

复杂系统范式在20世纪末至今逐步成型，其基本特征是强调非线性耦合、自组织行为与跨尺度涌现机制。该框架不再追求可封闭的解析解，而转向网络拓扑、统计分布与算法仿真等工具，试图在多变量互作、局部规则演化与整体行为生成之间建立映射关系。此一范式倾向于“整体即属性”的认知方式，并模糊了经典意义上模型与模拟、理论与数据之间的界限。从上述历史过程可见，范式的变化不仅是概念替换或公式更迭，更是对“世界本体论”“建模方法论”与“解释评价准则”的整体重排。物理教育应在此基础上帮助学生构建“范式意识”，使其理解科学发展不等于积累，而是不断以新前提重构问题的认知系统。

二、范式转换的触发因素与标志性事件

范式的更替往往并非平滑演进，而是在一定条件下经由非连续跃迁完成，这一跃迁由多种因素共同促成，通常包括理论内部的异常积累、观测工具的重大革新与跨领域方法的迁移整合。

当既有范式无法解释某些实验结果，且其理论结构无法通过局部修正加以拯救时，异常就逐渐转化为结构性危机。例如，水星近日点的进动在经典力学中无法合理建模，而广义相对论则在不引入任何经验性假设的前提下完美解释该偏移，成为旧范式无法涵盖新事实的典型证据。此外，紫外灾难与黑体辐射问题暴露出经典能量分布理论在高频区域的失效，促使普朗克提出能量子概念，由此开启量子论。

观测与运算工具的革新同样在范式转换中起关键作用。诸如干涉仪、回旋加速器、低温超导磁体与高性能计算平台等，使原先不可测量或不可处理的变量进入经验与计算范围，进而迫使理论重写结构以容纳新数据，同时，数学方法的引入也构成触发机制，如张量分析、复变函数与李群理

论的应用，使得物理学可以刻画更加复杂的对称性与多体行为。

跨学科方法迁移则体现为不同知识领域之间对建模技巧、概念体系与问题设定方式的借用与融合。例如，热力学循环原理对生态系统与计算过程的建模具有启发作用，统计物理方法用于神经网络与城市交通模型的分析，也反映出科学范式不再局限于物理实体，而拓展为问题求解的思维范式。

标志性事件常常体现为某一理论成果在多个尺度或多个学科中成功应用，并引发基础观念的重新组织。例如，麦克斯韦引入“位移电流”概念并预言电磁波，其方程不仅统一了电场与磁场，更首次引入波动在真空中传播的观念，再如狭义相对论对时间与能量质量等价性的重新定义，不仅改变了运动观念，也影响了整个科学的本体论前提。而在教学中，也应引导学生认识到范式转换的非线性结构与多因交互，并通过重建历史争议现场、对比理论前后图景与实验设计，让学习者体验知识体系由“无法整合”到“结构自洽”的突变性跃迁逻辑。

三、伴随范式转换的思维方式变革剖析

范式的转变不仅意味着公式重写与概念更新，更深层的影响体现在推理策略、问题设定方式与解释期望的根本性变化，这些变化共同构成了科学思维方式的跃迁过程。在物理学的语境中，这种跃迁主要表现为三种认知路径的转向：由确定性走向概率性、由局部视角转向整体视角、由线性因果推理过渡到复杂交互理解。

在确定性向概率性的转变中，经典物理学强调初始条件决定系统演化路径，预测以函数形式给出确定输出，而量子力学则将系统状态描述为概率叠加态，测量行为本身即构成系统的演化分支点，结果不再是演绎逻辑的确定输出，而是统计规律的体现。

整体性思维则在场论与复杂系统研究中得以发展，它要求学习者关注变量间的耦合关系、边界条件对整体行为的塑形作用，以及系统状态的空间分布特征。例如，在热传导问题中，系统的稳态解需考虑整个介质的初

边条件，而非单点变量的变化，在量子物理中，纠缠态对非局域性构成的挑战也迫使人们超越经典的“局部实在论”框架。

复杂交互思维则表现在非线性系统的建模与理解中。混沌系统、相变行为、自组织过程与多主体相互作用的研究均显示，初始状态微扰可能导致长期行为不可预测，系统演化呈现多稳定态、突变跃迁或耗散结构等复杂现象。在此背景下，推理策略需从线性叠加与单路径求解转向拓扑分析、相空间研究与演化规则模拟。

思维方式的跃迁是长期训练的结果，其目标不在于完全放弃旧框架，而是构建多框架切换与整合的能力。教育应通过“多模型表征”“多策略解题”“多工具实验”等方式，引导学生在不同范式之间进行对比分析与逻辑迁移，从而实现自操作性知识向结构性理解的转化，并形成具备弹性的科学思维模式。

第三节　科学概念发展的多样路径与争议过程

一、科学概念诞生的多元起源探究

科学概念的诞生从未是一种单一路径的结果，而是源于人类历史、社会文化、哲学思辨和实验探索等多种因素交织作用的产物。最早的“运动”“变化”“本体”等命题，可以追溯至古希腊哲学范畴。柏拉图在其“理念论”中将现象世界分为可触可感的物质层面与独立于感觉之上的理想层面，尽管其并未直接提出“力”或“能量”的概念，却预示了后世通过抽象范畴来解释经验现象的思路。亚里士多德在其众多著作里，针对“质料因”“形式因”“动力因”“目的因”提出四因说，尽管与现代物理量的定义尚存在鸿沟，却在形而下的经验归纳与形而上的本体分析之间架起一座桥梁，为后来的质点模型和力学量引入提供了哲学基础。与此同时，中国先秦诸子百家的学说也在不同层面暗合了后来物理概念的萌芽。墨家“兼爱”“非攻”中的平衡与和谐思想，与力学中的“静平衡”原理形成某种隐喻性共鸣；道家“无为”“道法自然”的阐述，则在无形中保留了惯性思想的种子，即事物在不受外力干扰时保持原有运动状态的观念，这为后来惯性定律的形成提供了文化土壤。由此可见，物理概念的诞生既是在西方理性主义与东方直觉体验之间来回摆荡，也是在哲学演绎与日常经验之间不断往复的辩证过程。

跨入中世纪后，伊斯兰世界的学者们继承并发展了古希腊的数学与自然哲学传统，欧几里得的几何学体系和阿基米德的力学著作在巴格达、科尔多瓦等地得到了译介与注释。数学家对数论与天文学计算方法的开创，不仅完善了数制与算法，更间接催生了对“无限可分”“连续性”“真空”这些与物理量测度密切相关概念的思辨。哲学家则在神学需求的驱使下，对自然属性与神圣秩序进行辩证，将科学探究置于宗教框架中，从而影响了“自然法则”与“神定律”之间界限的讨论。这种宗教话语与学术话语的混融，使得物理概念在被引入科学共同体之前，已被赋予了一定的神学色彩或形而上学隐喻，为后续剥离与纯粹化的过程留下伏笔。

文艺复兴时期，随着实践技术的飞速进展与印刷术的普及，概念生成进入了实验主义和经验主义的全新阶段。伽利略运用望远镜对天体的观测与在比萨斜塔所做的落体试验，使“匀速”“匀加速”“惯性”等名称从隐喻性描述转向可重复、可度量的实验现象。发明于意大利的机械钟表则为“时间”“周期”“频率”这些概念提出了精确测量的工具，而荷兰物理学家惠更斯基于摆钟的振动研究又进一步引入了“简谐运动”“圆周运动分解”的数学化处理方法。此后，炼金术士、航海家和工匠们在制作温度计、气压计与电荷测量装置的过程中，不断优化测量原理与仪器标度，因而“温度”“压力”“电势”等概念的萌芽与精炼与实验器具的迭代密不可分。正是在这一阶段，物理概念从隐喻向术语、从主观观察走向客观测度的转变，揭示了技术手段对概念建构的重要推动作用。

近代科学革命奠基人诸如牛顿、欧拉、拉格朗日等人，借助新兴的微积分工具，将力学、电磁学与行星运动纳入同一数学框架。在牛顿《自然哲学的数学原理》中，“质点”“质心”“动力”等定义既来源于对经验现象的抽象，也带有极强的数学性精炼痕迹。欧拉在流体力学和刚体运动论著作中，提出了“旋度”“散度”“流函数”等概念，直接为麦克斯韦场论的诞生奠定了拓扑与分析学基础。拉格朗日则通过最小作用量原理将力学问题提升到变分法层面，为现代物理学术语中的“拉格朗日量”“哈密顿量”打下了符号与几何兼备的根基。这一阶段的共同特征在于：数学工具的成熟与多样化，使得物理概念能够在更高层次上统一不同现象，同时也暴露出理论与实验之间的张力——不少概念在数学上优雅完备，却需要通过更精密的实验手段来加以论证或修正。

社会文化层面的影响亦不可忽视。17、18 世纪的科学共同体尚未形成现代化的同行评议机制，学术沙龙、皇家学会与书信往来在概念传播与权威认证中扮演了关键角色。牛顿的万有引力概念因“超距作用”而遭到莱布尼茨和教会神学家的质疑，催生出对“力”本质的多种解释，启蒙时代的哲学家与科学家频繁往来，使得力学、光学与热学等概念在不同文化圈层间交叉传播并互相影响。随着工业革命的到来，蒸汽机与电报技术的应用需求，再度促使科学家从工程实践层面检验并修正“热”“力”“电”这些概念的含义，其间既存在技术驱动对理论的反作用，也存在学术话语对产业应用的规范与引领。

综合来看，物理概念的多元起源既有古今中西不同哲学传统的理论酝酿，也有实验技术与工程实践的反复试验，还有宗教与社会话语体系的再生产与规范作用。正是在这些多重因素的交互影响下，现代物理概念才能够从模糊的隐喻走向精准的定义，并在历史演进中不断被验证、补充与修正。理解这一多元生成过程，有助于我们在教学中提醒学生关注概念背后的文化与实践脉络，从而培养其批判性思维与跨学科视野。

二、发展过程中不同学派的观点碰撞

在经过最初的概念萌芽之后，物理学进入了系统化发展的阶段，学者们基于不同的方法论、数学工具以及世界观，对同一现象提出了各异的解释与模型，由此形成了牛顿力学与莱布尼茨力学之间的分歧——关于绝对时空与相对关系的争论不仅关乎物理量的测度标准，还在思想层面体现了对经验与先验理念的根本取舍。与此同时，机械论与连续场论的争鸣进一步将质点模型与介质假设对立起来，使得电磁学与流体力学的早期研究不可避免地蒙上了学派立场的烙印，而这两种截然不同的方法论在后续发展中既互为抗衡又相互启发，从数学形式到物理预言，都展现出激烈的碰撞与协同演进的双重特点。

在有关时空本质的论战中，牛顿坚守绝对时间与绝对空间的观点，将其视为任何力学运动的固定背景，认为时间与空间具有独立于物质存在的绝对属性。而莱布尼茨则从关系主义的角度出发，强调时空不过是物体及其运动关系的表征，拒斥“空无一物的容器”观念，并以原则性的方法论批判牛顿体系中的形而上学成分。两种观点的较量不仅关乎运动方程中的坐标定义，还在哲学和数学层面激发了对微积分发明权及其概念应用的激烈争议，这场跨越三十余年的讨论通过学术书信与公开辩论的方式展开，无论是菲涅尔对牛顿引力假说的附和，还是莱布尼茨对“足够理由原则”与“不可辨识原则”的阐释，都从不同侧面推动了物理量本体论与认识论的深化。

随着欧拉在力学与流体动力学领域的突破，旋度、散度等概念被引入连续介质的数学刻画，学术界开始重新思考介质与场的本质，他的分析方法在描述曲线运动与刚体转动时展现出出色的解析能力，却也因过度依赖无穷级数的收敛性问题而受到后来的批评。与欧拉方法相对照，拉格朗日在变分原理基础上提出了最小作用量原理并引入一般化坐标与拉格朗日方程，将力学问题进一步提升到变分数学的高度，使得复杂系统可在更高维度的参数空间中得到简洁的描述。两种方法各有所长：欧拉擅长处理具体的局部场性质，而拉格朗日则在全局最优轨迹和对称性分析方面具有无可比拟的优势。正因如此，后续物理学家在解决电磁场、量子力学及相对论等问题时，往往兼用两者，形成了丰富而互补的理论工具箱。

在热力学发展的早期阶段，卡诺利用理想气体循环提出了热功转换效率的上限，在理论框架本身尚未完全确立之前，便对“热”这一概念的能量属性提出了前所未有的思考。克劳修斯则通过熵的概念揭示了热学过程的不可逆性，将热与状态函数的关系提升到数学公式的层面，从而赋予热力学第二定律以严格的量化表述。开尔文对绝对温度标度的引入，则为实验与理论的对接提供了测度基础，他所设想的绝对零度概念在当时既是数学延拓的产物，也是对工程实践中温度测量局限的回应。围绕熵的本质与热机循环中能量耗散的机理之争，无论在概念建构还是在实验验证层面，都将热、功、熵、温度等概念紧密交织在一起，使得单一学派无法独立囊括全部现象，也迫使研究者在相互批判与补充的过程中不断修正理论架构。

透过这些不同学派之间的观点碰撞，我们不仅见证了概念在不同语境下的轮番诠释，也洞悉到科学共同体依靠多元对话推动范式转变的内在机制。在辩论中，学者既批判彼此的不足之处，又吸纳对方的优长，从而不断塑造出更为精确且具有广泛适用性的物理概念。由此可见，所谓科学概念的发展并非单线前行，而更像是一条在冲突与融合中前进的曲折道路，它最终汇聚出当代物理知识体系的稳定结构，并为新的突破奠定了扎实的理论基础。在教学实践中，通过呈现这些历史争鸣，不仅能够强化学生的批判性思维，还有助于他们理解概念是动态生成、不断演进的而非一成不变的定律。

三、争议焦点与解决思路的历史回溯

在物理学概念发展的漫长历程中，学术争议往往聚焦于概念的定义域与测量方法，以及其与相关概念的内在逻辑关系，这些争议不仅体现了不同理论框架的优劣，也折射出实验手段和数学工具的局限性。例如，对于“力”的理解，曾在接触作用论与场论之间反复论辩，围绕“万有引力”是否应视作超距作用，牛顿与其批评者展开了漫长的口头与书面交锋。在热力学领域，“熵”的本质被克劳修斯视作宏观过程的度量，而玻尔兹曼则将之与统计体系的微观态数联系起来，因而对熵的根本含义产生了截然不同

的解释，量子力学时代的测量问题更将“观测者效应”“实在性”“完备性”等命题推向风口浪尖，使得薛定谔方程的意义与概率诠释长期处于争议之中。

以“力”的本质问题为例，最初人们普遍将力视为接触作用的结果，将推、拉等具体现象归结为物体相互作用的直接接触效应。然而，牛顿万有引力理论中所揭示的天体间互相吸引并不依赖于介质接触，这种“超距作用”难以用传统力学解释，于是激发了大量针对力场概念的研究与批判。波动说、介质说、场论等多种假设相继出现，麦克斯韦场方程组最终将电磁力解释为时空中场的相互作用，而爱因斯坦在广义相对论中将引力诠释为时空曲率的几何效应，实现了对牛顿力学“超距作用”问题的根本性重构。

在“熵”的争议中，克劳修斯所提出的熵增原理为热力学第二定律提供了数学框架，但仅限于宏观状态函数的变化描述，对熵背后的微观驱动机制并未给出明确说明，与之对应的玻尔兹曼统计力学观点则将熵定义为体系微观态数的对数，从微观粒子运动的统计分布中解释不可逆过程的根源。两种阐释在方法论层面存在显著差异，但在实验验证阶段又相互补充：宏观测量结果支持熵增趋势，而微观模拟与光学夸克实验则印证了统计涨落的可预见性。后一代学者通过配合统计模型与热力学函数的数学归纳，逐步实现了对熵概念的统一诠释，为热力学与统计力学的衔接提供了坚实基础。

量子力学的出现将学术争议推向新的高度。波粒二象性、测不准原理与量子纠缠等概念，原本只是数学公式中的蕴含，因实验观测而被赋予不同的物理解读。波尔与爱因斯坦的辩论围绕测量过程中的概率云与隐变量展开，爱因斯坦强调完备性与客观实在性，波尔则以互补性原则和测量不可分割性为支点，强调量子现象的不可描述性。随着贝尔不等式的提出与实验验证，经典实在论的隐变量模型被局限于极小范围，而量子非定域性则被普遍接受。概念之争最终在新型实验装置与数学不等式的结合中得到澄清，展示了实验创新与数学推演对争议解决的双重贡献。

通过对这些争议焦点与解决思路的历史回溯，我们可以观察到科学方法论的内在演化规律：当单一理论框架遭遇实验证据的挑战时，研究者会尝试引入新的数学形式或更精密的仪器来验证假说，也会借助跨学科对话来从不同视角审视问题，在若干回合的理论修正与实验检验之后，某些概念得以固化并纳入主流知识体系，而另一些则被替代或重新阐释。教学实践中，呈现这一反复辩证的过程后，能够帮助学生深刻理解概念并非静态真理，而是在科学共同体合作与竞争的背景下动态生成并不断完善的认知产物。

第四节　将物理概念的历史维度融入教学设计

一、挖掘历史素材，创设情境导入概念

在物理教学环节中，历史素材的引入有助于将抽象的概念置于生动的探究场景，从而促使学生产生浓厚的好奇心与代入感。在构建“惯性”概念的教学情境时，教师可以精选伽利略在比萨斜塔所做落体观察的史料记录，并结合实验视频或自主搭建的斜面装置，让学生在模拟实验中直观体会物体速度与加速度关系的本质。教师也可借助三维打印或虚拟现实技术再现伽利略时代的斜面结构，使学生在沉浸式体验中进一步感受实验装置的局限与改进，从而理解实验方法与概念精炼之间的互动。这样一来，抽象命题便从教科书的二维平面跃然为可操作的三维实践，将学生的主观经验与客观现象有机串联，为后续定律的正式引介奠定良好基础。

在光学概念的教学导入中，历史素材也可发挥重要作用。例如，通过复原牛顿的棱镜分光实验过程，让学生在实验室中复现白光分解为光谱色带的现象，并参照当时的原始文献或实验记录，从文献描述到实际操作再到现象解释，形成从历史考察到现代诠释的完整链条，这种链条不仅引导

学生了解科学家对自然现象的直觉闪现，还能帮助他们认识实验设计与结果分析之间的逻辑关联。并且，通过对比牛顿时期的玻璃折射率测量与现代光学仪器的性能，学生可以更直观地感知实验技术的演进如何影响概念的精确度。

电磁学概念的历史背景同样是导入新课题的宝贵资源。教师可利用法拉第电磁感应实验、麦克斯韦方程组的理论预言以及早期电报技术发展史等素材，组合成具有情景代入感的故事性案例，引导学生在了解技术需求与理论演进的双重驱动下，体会电磁感应、电场概念与磁场概念相互生成的过程。同时，通过分析法拉第在自制线圈与磁铁交互实验中的观察笔记，学生可以了解到科学发现背后思维的跳跃与缜密实验设计之间的辩证统一。

在挖掘历史素材的过程中，教师需要兼顾史料的科学性与可读性，对原始文献的文字进行适当改编，将晦涩难懂的专业术语转换为学生易于把握的语言，并补充必要的注释与图示，使之成为既有学术价值又具教学适用性的材料包。此外，应考虑学生认知负荷，通过图文搭配、互动提问和小组讨论等方式，让历史素材成为启发问题思考与产生认知冲突的重要载体。在处理史料时，教师还应该关注史料偏见与时代局限，如性别、阶级或地域差异对科学史叙述带来的影响，让学生保持对历史材料的审慎态度。

通过系统化地在教学中创设基于历史素材的情境导入，既可使物理概念在学生心中获得鲜活的历史底色，也能推动其在探究过程中形成自主生成的知识结构。这样一来，学生不仅掌握了概念的现代定义，更深入理解了科学家如何在实验证据与理论思辨之间不断权衡，从而在掌握知识的同时，培养对科学方法与概念历史演进的尊重与反思能力。最终，这种情境化的教学策略不仅能够激发学生的历史好奇心，还可促进其在学术写作与口头表达中自觉运用科学史视角，使教学成果更为持久且兼具深度。

二、以史为鉴，设计探究环节深化概念理解

在探究式教学中融入历史案例，能够让学生亲身体验科学家在面对新现象时如何提出假说、设计实验并经过反复验证，这对于深化概念理解具

有重要意义。教师可将热力学第二定律初期争议、相对论假设检验以及量子力学早期实验等典型案例，拆分为若干探究任务，并通过问题链引导学生在数据收集与分析过程中重现科学家的思维轨迹。这样一来，学生不仅学习概念本身，更能够在探究过程中体会历史语境与科学方法的相互作用。

以卡诺循环为起点的探究环节可设计为多阶段任务。首先让学生阅读卡诺原始论文节选，分析理想气体的状态方程及其在可逆循环中的能量转换效率，然后利用数值模拟软件搭建理想化模型，对比不同温差条件下的热机效率。随后，引入克劳修斯对熵的数学表述和玻尔兹曼对微观态数的统计解释，让学生在定量计算与定性分析之间来回切换，从而全面理解熵增原理的内涵与适用范围。此外，学生还可分组对已经提出的模型进行批判性评估，模拟工业革命时代工程师在蒸汽机设计中对热效率进行折衷和权衡。

针对相对论的教学探究环节，教师以迈克尔逊-莫雷实验为切入点，让学生在实验数据和历史测量误差中寻找地球运动相对于以太的证据；接着，通过爱因斯坦当年提出的光速不变假设以及光钟思想实验，鼓励学生利用几何变换与代数推理重构时空相对性关系；最后，借助动态可视化软件演示狭义相对论中的时钟偏移和尺缩效应，使抽象的时空概念在直观的可视介质中得到生动呈现。此过程既融合了实验史的客观数据，也包含了理论构建的主观判断，能够全面锻炼学生的批判性与创造性思维。

在引领学生进入量子概念探究时，教师可将光电效应实验数据呈现出来，让学生自行拟合光子能量与光频率关系的线性函数，进而推导出普朗克常数的数值。随后，通过薛定谔方程在一维势阱模型中的数值解算，让学生直观感受波函数的空间分布特征。为了加深对波粒二象性的理解，还可设计基于双缝实验的虚拟仿真，让学生在观察干涉条纹生成与消失的过程中思考测量装置与观测结果之间的相互作用。这一探究环节兼顾了理论计算、实验模拟与哲学反思，为学生提供了全方位的量子学入门体验。

在整个探究设计过程中，教师应灵活运用小组协作、角色扮演、实验模拟与多媒体呈现等多种教学策略，确保每位学生在探究过程中都能发挥主体作用。分组报告、学术辩论与思维导图绘制等形式，可以帮助学生将探究结果进行系统整理，并训练其在学术论文写作或课堂演讲中表达对概念演变全过程的理解。通过这样的以史为鉴的探究环节，学生不仅能牢固掌握物理概念，还能体验科学研究的整体流程，为其日后的学术或工程实践奠定坚实的思维基础。同时，教师应在环节设计中设置适当的评估指标，如概念理解深度、探究方法多样性与成果表达质量，以便及时反馈与改进教学组织。

三、借助历史故事，化解概念难点

在物理学习的初期阶段，诸多概念如相对性、量子叠加与热力学不可逆性，往往与学生的日常经验产生冲突，如果直接以抽象的数学表达或严谨的定义呈现，极易导致概念难以消化。历史故事提供了一个带有情节张力与人物代入的叙事框架，学生能够在故事角色的思考轨迹中体验科学家面对困境时的质疑、发现及逻辑推演，从而自然地将抽象概念与具象场景相联结。换言之，故事化教学可以把学生的主观世界与科学家所处的认知困境叠加，让二者在共情与逻辑引导中共同完成概念跨越。

电磁感应这一概念自提出之始，便因其实验装置的复杂性和现象的直观性差异而令学生难以理解，而法拉第通过观察破旧的线圈、铁屑的无意识图案而迸发灵感的过程，正是化解学习难点的钥匙。教师可以向学生讲述法拉第在伦敦皇家机构中艰难制作实验装置的细节，并通过角色扮演让学生重走其设计线圈、不断调整磁场方向的心路历程，在重现铁屑图案形成时的惊奇与困惑，学生不仅能够亲历科学发现的瞬间，还能从“触发直观观察”到“抽象场概念”这一动人转折中，掌握电磁感应的本质机制。

麦克斯韦在统一电磁理论的过程中，既受牛顿场论影响，又以数学美感为指引，他将电场与磁场的旋度与散度方程整合为四条简洁对称的公式，并预测了以光速传递的电磁波存在。关于这段历程，学生可以通过阅读麦克斯韦夫人的手稿摘录和信件往来，了解其在方程推导中对美学与逻辑的双重追求。随后，在课堂上复现其通过音叉振动实验对传播速度进行模拟估算的思路，使学生在理解麦克斯韦方程组所蕴含的对称性时，能够关联到具体的物理实验与数学构造之间的内在联系，从而降低概念抽象度。

狭义相对论的核心概念——时空相对性，源于爱因斯坦在专利局工作期间对光速恒定的直觉思考以及对“伴随光束奔跑”的假想实验。通过生动讲述这一故事，学生可以置身于爱因斯坦在专利文件中推导简单数学关系时的思考状态，并在接下来的课堂活动中构建自己的光钟模型，通过手动摆放光源与反射镜的距离，观察不同参考系下记录时间的差异。这样一来，可以让学生真正在操作中体验时钟偏移效应，有助于他们在概念层面突破牛顿绝对时空的直观障碍。

借助历史故事化解概念难点的教学策略，既依托科学发现的原初语境，也兼顾学生的心理体验，将抽象的科学概念与具体的情节互动结合，从而大幅降低学习阻力并提升概念理解深度。更重要的是，这种方法使学生在体验科学家的思维过程时生成对科学精神与方法的敬意与认同，从而增强其主动探究动机，为后续更高层次的物理学习与创新奠定坚实的心理基础。

第三章　物理概念建构的认知理论与学习心理

第一节　概念建构的心理认知模型

一、信息输入与概念感知阶段

物理概念建构的首要环节是信息输入与感知，这一阶段是学生在接触新知识时最初的心理活动表现，是后续概念形成的基础。在这一过程中，学生通过外界的感官输入获取物理现象或实验结果的信息，并结合已有的认知框架对这些信息进行初步处理，从而形成关于新概念的感性认识。信息输入与概念感知阶段的有效性不仅取决于外部教学设计的合理性，也依赖于学生自身的感知能力、注意力水平以及先前知识背景的丰富程度。信息输入是通过视觉、听觉、触觉等多种感官渠道实现的，物理教学中的实验、图像、声音和文字是学生获取信息的主要来源。例如，当学生观察自由落体实验中物体下落的轨迹和速度变化时，他们利用视觉系统获取运动现象的外部特征，并通过听觉渠道获取对现象的解释或补充信息。这种多感官输入的方式有助于增强学生对新知识的感知深度，减少信息缺失或误解。然而，仅仅依赖感官输入并不足以完成对概念的感知，学生需要通过集中注意力来筛选和强化关键信息，从而为概念的形成奠定坚实基础。

在这一阶段，学生的注意力分配和感知选择受到多种因素的影响。首先，物理现象的复杂性和新奇性对学生的注意力具有显著的吸引力。例如，复杂的电路模型或热学实验中变量的交互作用，可能会使学生难以准确捕捉关键现象，而直观且有趣的实验，如利用抛物线轨迹演示重力效应，更容易激发学生的兴趣和关注。其次，教学活动设计的结构性和逻辑性也决定了学生信息接收的有效性。例如，在讲解力的合成与分解时，如果教师能够通过动态演示和图解逐步分解知识点，就会使学生的感知效率显著提升。反之，如果教学内容杂乱无章，学生可能在信息接收阶段就感到困惑，甚至失去兴趣。此外，学生的知识背景和学习动机也是影响感知效果的关键因素。具备扎实物理基础和强烈学习动力的学生，更容易在信息接收阶段形成清晰的感知图像，而缺乏相关经验或对物理学科兴趣不高的学生，则可能在这一过程中表现出感知上的不足或偏差。

在信息输入与感知阶段，教师扮演着信息设计者和引导者的角色，他们必须运用科学而有效的教学策略来优化学生的信息感知过程。例如，通过直观实验或情景化教学，教师能够增强学生对复杂物理现象的直观感受；通过提问和讨论，教师能够帮助学生聚焦于概念的核心要素。此外，教师还应重视运用多样化的教学媒体，如动态模拟和交互式实验软件，让学生通过多感官渠道接触知识，从而提高感知的全面性和准确性。

信息输入与感知阶段的成功与否，对后续概念整合与形成具有深远的影响。若学生能在这一阶段准确捕捉到物理现象的核心特征，并通过感知过程形成初步的认知表征，他们在后续学习中将展现出更高的学习效率和概念掌握水平。反之，若学生在这一阶段未能清晰感知核心信息，后续概念建构将遭遇更多困难和阻碍。因此，信息输入与感知阶段是物理概念建构的关键起点，它决定了学生对新知识的认知深度与学习兴趣。

二、知识整合与概念形成过程

在知识整合与概念形成阶段，学生将接收到的信息与既有的知识框架进行整合，并通过认知加工逐步构建对物理现象的系统性理解。这一阶段的核心任务是从感性认识向理性概念过渡，将零散的感知信息转化为结构化的认知内容。知识整合不仅涉及信息的逻辑排序和归纳总结，还包括对概念的初步定义与适用范围的界定。对于学生而言，这一阶段是概念建构的核心过程，也是学习物理学的重要转折点。知识整合依赖于学生已有的认知图式与知识网络。认知图式是学生对已有知识的结构化表征，它影响着学生如何对新信息进行筛选、分类和组织。例如，当学生在学习力的分解与合成时，他们需要将新学到的几何知识（如平行四边形法则）与已有的力学基础知识结合起来，以便在头脑中形成关于力作用方向和大小的系统性认识。如果学生在先前学习中对力的基本概念掌握不牢固，他们在整合过程中可能会出现逻辑混乱或理解断层，进而影响概念的准确建构。

在整合过程中，学生必须运用归纳和演绎的方法来处理信息。归纳法涉及从具体实例中提炼出共同的特征和普遍规律。例如，通过观察不同质量的物体在相同力的作用下加速度的变化，学生能够归纳出加速度与物体质量和作用力之间的定量关系。演绎法则是从既定的规律出发，推导出具体应用的实例。比如，在已知加速度公式 $a=F/m$ 的情况下，学生能够通过计算来预测不同条件下物体的运动状态。这种归纳与演绎的循环运用，不仅有助于学生构建对概念的全面理解，还能锻炼他们的逻辑推理技巧和科学思维方法。

知识整合与概念形成的另一个关键环节是对认知冲突的处理。学生在整合过程中可能会遇到与先前知识或直觉判断不一致的新信息，这种认知冲突是推动概念形成的重要动力。例如，在学习浮力概念时，学生可能会对“为什么重的物体也能漂浮”这一现象感到困惑。通过实验和讨论，学生能够逐步认识到浮力的大小与液体排开的体积有关，而不是直接取决于物体的质量，从而纠正原有的错误认知并完成新概念的建构。教师在这一过程中需要扮演指导者的角色，通过提出问题、设计实验和引导讨论，帮助学生识别冲突并进行科学合理的概念修正。

在知识整合与概念构建阶段，恰当的教学策略选择至关重要。教师能够通过设计连贯的教学活动，逐步将信息融入学生的认知框架。以牛顿第二定律的讲解为例，教师可以从具体的实验入手，引导学生通过测量不同力作用下物体的加速度变化，逐步归纳出力、质量和加速度之间的关系。接着，通过数学推导进一步验证这一关系的普遍性。此外，教师可以借助多媒体演示和虚拟实验等教学技术工具，帮助学生在动态环境中理解概念的形成过程。

这一阶段的成功标志在于学生能够在脑海中构建清晰的概念表征，并能灵活运用这些概念来解释现象或解决问题。例如，学生在掌握了速度的概念后，能够准确地将其应用于分析不同交通工具的运行特性；在理解了电流的概念后，能够通过公式计算预测电路中电压与电阻的变化趋势。

三、认知深化与概念稳固机制

在物理学习的过程中，认知深化与概念稳固是至关重要的环节。它们的主要目标是引导学生从基础理解跃升至灵活运用，将新掌握的概念融入他们的知识体系中，并通过持续的练习和实际应用，深化对这些概念的理解。与知识整合阶段相比，这一阶段更侧重于长期记忆的构建、认知结构的优化和在新情境下概念迁移的能力。通过精心设计的教学活动和学习任务，学生能够逐步提升复杂概念理解的深度和广度，形成稳固的认知结构，并在解决实际问题时展示出对概念应用的熟练度。概念稳固的关键在于激活和强化记忆机制。依据教育心理学的理论，短时记忆向长时记忆的转化依赖于重复的回顾和有意义的处理，这表明学生需要通过不断练习，将物理概念从短时记忆转化成长时记忆。例如，学生在初次学习动量概念时，可能仅能记住公式 $p=mv$，而对其深层含义理解不足。然而，通过大量的练习题和实验任务，他们能够逐渐领悟动量守恒的原理，并在碰撞问题中灵活运用这一概念。同时，教师应设计多样化的学习任务，如探究式实验、真实案例分析和跨学科讨论，帮助学生在不同情境下反复应用相关概念，从而巩固记忆并加深对概念的全面理解。

深化认知需要学生对概念的内在逻辑进行反复梳理和反思。由于物理概念通常具有抽象性和复杂性，仅仅依靠表层记忆是无法真正掌握其本质的。学生必须从多个角度审视概念的定义、公式的推导及其应用范围，逐步构建对概念内涵的深刻理解。以能量守恒定律为例，学生不仅要掌握公式的数学表达，还要通过具体案例理解能量在不同形式之间的转换过程，并能够解释为什么在孤立系统中能量总量保持恒定。通过这种多角度的深入思考，学生不仅能够稳固地掌握概念，还能在新的情境中灵活地迁移和应用。

概念的牢固掌握还依赖于对认知冲突的反复处理和解决。在学习过程中，学生经常会遇到与先前认知或直觉判断不一致的情况，这些冲突为认知的深化提供了动力。例如，在学习电流方向时，学生可能难以接受“电子流方向与电流方向相反”的概念。教师可以通过实验和讨论引导学生验证这一现象的合理性，帮助他们纠正原有的错误认知，并将新概念牢固地嵌入其认知框架中。此外，通过设计跨学科或高阶任务，教师可以进一步加深学生对概念的理解。例如，在探讨力学问题时，可以引入数学中的矢量分解知识，通过跨学科的结合使学生能够从多维度理解力的合成与分解，从而实现对力学概念的深刻理解。

稳固概念的终极目标在于实现知识的迁移和灵活运用。学生不仅要在课堂上巩固所学知识，还应在现实世界或面对复杂任务时验证概念的实际效用。例如，在分析交通事故中的碰撞现象时，学生需将动量守恒定律与实际数据相结合，计算碰撞前后的速度和动量变化；在设计节能建筑时，学生应综合运用热学中的导热定律和材料比热容等概念，为建筑材料的选择和布局提供科学依据。这种迁移性学习不仅加深了学生对概念的理解，也激发了他们对物理学科的兴趣和探索热情。

认知深化与概念稳固是物理教学的关键目标，它通过多样化的教学活动和系统性的任务设计，帮助学生逐步掌握复杂概念，并实现知识的持久记忆与灵活运用。教师应根据学生的实际需求和学习水平，设计层次清晰、循序渐进的教学内容，通过多维度、多情境的学习体验，引导学生从初步理解走向深入掌握，从知识获取走向创造性应用。

第二节　初中生物理思维特点

一、形象思维主导的概念理解

在初中生的认知发展阶段，形象思维占据主导地位，这种思维方式使他们更倾向于依赖感官体验和直观印象来理解物理概念。在物理学习中，这一特性表现为学生更容易通过具体的实验现象、生活实例或生动的图像来建立对概念的初步认知，而对于纯粹的抽象理论或复杂的公式推导，则可能表现出理解困难或缺乏兴趣。形象思维的主导性既是这一年龄段认知发展的阶段性特点，也为物理教学提供了独特的机会，使教师能够通过形象化的教学设计帮助学生建立起对物理学基础知识的感性认识。形象思维对物理概念理解的作用首先体现在感官输入的过程中。学生在观察物理现象时，往往依赖视觉、听觉等感官系统获取直观信息。例如，在学习光学概念时，通过观察光线在水面折射时产生的偏折现象，学生能够快速形成对折射现象的感性认知；在了解力的作用时，通过实验中物体因受力而运动或静止的直观展示，学生能够更容易理解力的基本属性。这种通过直接观察形成的初步认知，虽然在理论上较为浅显，但对于形象思维占主导的学生来说，能够有效降低学习的心理负担，并为后续概念的逻辑建构奠定基础。

形象思维影响着学生对具体实例和情境的依赖程度。在初中物理教学中，教师若能利用日常生活中的实例将抽象概念具体化，学生往往能更直观地掌握这些概念。例如，在讲解浮力时，通过沉浮实验让学生观察不同物体在水中的状态，从而直观地理解浮力的作用；在探讨热传递时，通过触摸不同材料的导热性能，学生能初步感知热量流动。这些情境化的教学方法，不仅符合学生的形象思维特点，还能有效激发他们的学习兴趣，促使他们更积极地参与学习。

然而，形象思维的局限性在于它难以处理抽象的、非直观的知识内容。这表明，如果学生仅停留在形象化认知阶段而未能进一步深化思维，他们可能会在理解物理学中更复杂的概念和规律时遇到障碍。例如，在理解电路中电流的流动时，学生可能仅通过直观图示理解电流的方向，却难以深入理解电流的本质；在学习能量守恒时，若学生缺乏对能量转化过程的动态理解，他们可能会对公式的应用范围和适用条件感到困惑。因此，教师在运用形象思维辅助学习的同时，还需设计过渡性的教学活动，引导学生从直观感知逐步过渡到逻辑分析，帮助他们在形象认知的基础上构建更深层次的抽象理解。

二、抽象思维的初步发展与运用

虽然形象思维在初中生的物理学习中起着主导作用，但随着他们认知能力的提升和学科知识的不断积累，抽象思维开始在学习过程中占据一席之地。这种思维的萌芽表现在学生能够超越具体的实验现象，利用符号、公式和数学模型来理解物理概念，并在一定程度上实现了从感性认识到理性思维的过渡。抽象思维的成长为学生深入理解物理规律和构建系统化的知识体系开辟了道路，这也是初中物理教学中应当特别重视的认知发展。抽象思维的初步展现是学生能够运用符号和公式来表达物理概念，而不仅仅依赖于直观现象。例如，在学习速度这一概念时，学生能够从对“物体运动得快或慢”的直观感受，转变为使用公式 $v=s/t$ 的量化描述，通过符号理解速度与位移和时间之间的定量关系。这种对公式的理解和运用，标志着学生正逐步迈入物理学习的理性阶段，同时也意味着他们的抽象思维能力正在提高。

抽象思维的在学生对物理现象的建模能力上得到体现。随着对基础概念和规律的掌握，初中生开始能够运用抽象的数学模型来描述具体现象。以自由落体运动的分析为例，他们能够利用加速度公式 $\mathrm{a}=\mathrm{v}/\mathrm{t}$ 来构建物体运动的数学模型，并通过计算来预测运动轨迹和速度的变化。这种能力不仅展示了学生抽象思维的初步成熟，也为他们深入理解物理规律以及应用知识解决问题提供了关键工具。

进一步培养抽象思维能力，依赖于教师的引导和精心的教学设计。例如，教师可以采用问题驱动式教学法，引导学生对概念进行抽象化分析。在学习电学中的欧姆定律时，通过实际测量电路中的电流、电压和电阻，引导学生归纳出 $R=V/I$ 的数学关系，并通过分析不同电路结构来深入理解电阻的特性。此外，教师可以运用现代化教学工具，如虚拟实验室和动态演示软件，帮助学生在更加丰富的情境中练习抽象建模能力。例如，通过虚拟实验平台模拟抛体运动的多种情境，让学生观察并总结抛物线轨迹的数学特征，进而推导出运动方程。

尽管抽象思维的初步形成为学生理解复杂物理概念提供了可能，但其发展过程仍然受到认知水平和学科基础的限制。例如，对于刚开始接触数学符号和物理公式的初学者来说，过度的抽象推导可能会造成认知负担，进而引发学习挫败感。因此，教师在教学中需要注重教学设计，通过循序渐进的引导，帮助学生在适应抽象表达的同时逐步提高逻辑分析能力。例如，可以通过由浅入深的习题设计，让学生从基本的公式代入计算逐步过渡到复杂公式的推导与应用，避免因知识难度的突然增加而打击学生的学习兴趣和信心。

三、逻辑思维在物理问题中的萌芽

逻辑思维在物理问题中的萌芽是初中学生认知发展的一个关键阶段，它反映了学生在物理学习中开始尝试运用推理、归纳和演绎的方法来理解概念、分析问题并构建知识体系。与形象思维和抽象思维不同，逻辑思维的特点在于其系统性和严密性，它强调概念之间的内在联系和推理过程的合理性。尽管在初中阶段，这种思维特性尚处于初步发展阶段，但它对于学生掌握复杂的物理知识和提升问题解决能力具有至关重要的作用。逻辑思维在物理学习中的表现首先体现在对因果关系的分析能力上。学生在观察物理现象时，逐渐能够从直观的感性认识过渡到对现象背后因果机制的深入探讨。例如，在学习杠杆原理时，他们不仅关注杠杆的平衡状态，还会进一步思考支点位置、力的大小和方向之间的相互作用；在学习浮力概念时，他们能够通过实验数据分析液体排开体积与浮力大小之间的关系，进而推导出阿基米德原理的核心思想。这种对因果关系的逻辑分析能力，是学生物理学习从浅层记忆向深度理解迈进的重要标志。

逻辑思维还体现在学生逐渐掌握演绎推理的能力上。归纳推理是从具体实例中抽象出普遍规律，例如，通过反复实验来探究不同材料的导热特性，学生能够总结出热传递的基本原理，而演绎推理是从既定规律出发，推导出特定情况下的具体结果，比如，学生能够应用牛顿第二定律来预测在特定力的作用下物体的加速度变化。这种推理能力让学生能够将零散的物理知识串联成一个连贯的逻辑框架，并在此基础上解决更复杂的物理问题。

在解决实际问题时，逻辑思维的初步发展还表现在学生开始学会运用假设检验的方法。以分析小车运动的实验为例，学生可能基于初步观察提出“车轮摩擦力影响运动距离”的假设，随后设计实验以控制其他变量，并通过假设检验来得出结论。在这个过程中，学生不仅运用了逻辑推理，还逐步掌握了科学研究的基本方法。这种基于逻辑的假设验证能力，是学生将物理知识应用于科学探索中的关键素养。

在初中阶段，尽管学生的逻辑思维尚未完全成熟，但教师可以通过精心设计的教学活动，逐步引导学生提高这一能力。例如，通过问题驱动教学，教师可以引导学生从现象观察到因果分析，再到规律总结，帮助他们体验逻辑推理的全过程。在学习动量守恒定律时，教师可以通过碰撞实验让学生观察动量变化，然后引导他们逐步推导出动量守恒的结论。此外，教师还可以通过引入数学建模训练，帮助学生理解物理量之间的数量关系，例如用图像法分析速度随时间的变化规律，从而进一步提升学生的逻辑思维能力。逻辑思维的萌芽对学生解决物理问题的能力具有重要意义。当学生能够熟练运用逻辑推理分析现象并解决问题时，他们的物理学习水平会显著提高，同时这种能力也会迁移到其他学科和日常生活中，成为他们综合素养的重要组成部分。

第三节　建构主义学习理论与物理教学实践

一、建构主义的核心观点解析

建构主义理论主张，知识并非通过教师的直接传授而获得，而是学习者在现有知识和经验的基础上，通过与外部环境的互动以及自身的积极探究，逐步构建起来的。这一理论的核心观点为物理教学提供了坚实的理论基础，它强调了学生在学习过程中的主体地位以及知识构建过程的重要性。这不仅颠覆了传统教学中以教师为中心的知识传递模式，而且为学生深入理解物理概念开辟了科学的途径。建构主义的理论基础源自皮亚杰的认知发展理论和维果茨基的社会文化理论，两者共同为建构主义提供了坚实的理论支撑。皮亚杰提出，学习是一个认知结构不断同化和顺应的过程。同化是指学生将新知识融入已有的认知结构中，而顺应则是指学生调整原有的认知结构以适应新知识。这一观点揭示了学生在学习物理概念时，并非被动接受教师传授的内容，而是通过与新知识的互动，不断更新和扩展自己的认知网络。例如，在学习“浮力”这一概念时，学生需要将对“重力”的既有知识与浮力的作用机制相结合，通过实验观察液体排开的体积与浮力大小之间的关系，逐步构建起对浮力作用规律的全面理解。

维果茨基的社会文化理论强调了学习的社会互动性和文化背景的重要性，他提出的最近发展区理论在物理教学实践中尤为适用。最近发展区描述的是学生当前能力与他们潜在发展水平之间的差距，这一差距可以通过教师的指导或同伴间的合作来缩小。以电路教学中的“串联”与“并联”为例，教师通过提问和引导，帮助学生在现有知识的基础上，通过讨论和实验探究，逐步掌握电路电压分配和电流流向的规律。这种以最近发展区为基础的教学方法，不仅促进了学生对新概念的认知建构，还激发了他们的学习潜力。

建构主义的核心理念同样体现在对知识的情境化和活动化的重视。知识并非孤立存在的抽象信息，而是与特定情境和学习活动紧密相连。例如，在学习能量守恒定律时，学生需要通过分析具体案例，如秋千运动中机械能的转化，或家用热水器中热能的传递，来深入理解能量守恒的含义及其应用。这种情境化的学习过程有助于学生将抽象的物理概念转化为具体认知，并通过持续的实践和反思来巩固对这些概念的掌握。

建构主义理论强调学习过程的动态性和学生认知发展的个体差异。鉴于学生在先前知识储备、认知能力和学习动机上的差异，他们在构建知识时可能会采取不同的路径，产生不同的结果。因此，物理教学在建构主义的指导下，应通过灵活多变的教学设计，为学生提供个性化的学习支持。例如，对于理解能力较强的学生，可以设计更具挑战性的开放性任务，如让他们自主设计实验来验证牛顿第二定律。而对于基础知识较弱的学生，则可以通过分步骤的演示和更多的教师指导，帮助他们从感性认识过渡到理性建构。

建构主义学习理论的核心观点为物理教学提供了新的视角和方法。它主张以学生为中心，通过情境化、互动化和活动化的教学设计，促进学生在已有知识的基础上主动构建新知识。教师在教学过程中应依据建构主义理论的核心原则，设计多样化的教学情境和活动，充分激发学生的学习主体性，使他们能在真实且有意义的学习环境中不断深化对物理概念的理解和应用。

二、在物理教学中创设建构情境

在建构主义理论的指导下，创设有效的建构情境成为物理教学中的关键实践环节。建构情境旨在通过构建真实、具体且充满挑战的学习环境，帮助学生将所学知识与实际问题相结合，并在此过程中主动构建对物理概念的理解。一个成功的建构情境不仅能够点燃学生的学习热情，还能推动他们在解决问题的过程中不断调整和优化自己的认知结构，从而达到对知识的深入理解。

建构情境的设计需兼顾情境的真实性和复杂性。真实性涉及学习任务与现实世界的紧密联系，它要求教师在教学中引入与学生日常生活或未来职业应用相关的真实问题。例如，在讲解浮力时，可以通过情境问题“为何船能浮于水面而铁块却沉入水底”，引导学生结合生活体验和实验观察，逐步掌握浮力的原理及其应用。复杂性则体现在情境问题的多维性和多变量特性，它要求学生在分析问题时必须综合考虑多个因素，并在解决问题的过程中运用多种知识和技能。例如，在学习机械能守恒定律时，可以设计一个过山车运行轨迹和速度变化的问题，让学生在复杂的运动情境中探索能量转换的规律。

构建情境的设计应当充分利用实验和实践活动。实验是物理学习中不可或缺的建构工具，通过观察、操作和数据分析，学生能够将理论知识转化为对实际现象的深刻理解。例如，在讲解电磁感应现象时，可以设计一个动手实验，让学生通过改变导线圈的匝数和磁场强度观察感应电流的变化，进而总结感应电流的影响因素和规律。这种基于实验的构建情境，不仅能够提升学生的动手能力和科学素养，还能够帮助他们更深入地理解和记忆物理概念。

建构情境的核心特征之一是其互动性和合作性。从建构主义的视角来看，学习不仅仅是个人的认知活动，它同样是一个社会互动的过程。教师可以设计诸如小组讨论、合作实验和角色扮演等互动活动，以促进学生之间的交流与合作。例如，在讲授杠杆原理时，教师可以指导学生以小组形式完成“设计一个最省力的杠杆方案”的项目。通过共同讨论和实际操作，学生们能够协作解决问题，并在此过程中加深对力矩概念的理解。这种基于互动的建构情境有助于学生培养合作意识和团队精神，同时通过交流与协作优化认知建构过程。通过创设建构情境，物理教学能够将抽象的学科知识转化为学生可以感知、操作和思考的具体问题，从而推动他们对物理概念的主动建构和深入理解。建构情境的有效设计不仅要求教师对学生的学习需求有深刻的理解，还需要将学科知识与教学实践紧密结合，通过多样化的教学活动，让学生在真实的学习环境中体验知识的意义和价值。

三、学生自主建构概念的引导

在物理学习的旅程中，学生通过自我构建概念来达到对知识的深刻理解，这是建构主义学习理论的核心目标。在这一过程中，学生必须在现有的认知基础上，运用观察、分析、假设、验证等多种方法，将零散的信息整合成系统的物理概念。教师的角色在于通过精心设计的引导策略，为学生提供恰当的支持与挑战，帮助他们在认知冲突和解决问题的过程中实现自我驱动的知识构建。自主构建概念的关键在于学生对学习过程的积极参与和对知识的深入思考。与传统教学中被动接受知识的方式不同，学生在自主构建过程中承担更多的认知责任，并通过不断尝试和推理，完成对物理现象的认知建模。例如，在探索力学中的加速度概念时，学生不仅要观察物体在不同力作用下的速度变化，还要结合已有知识提出假设，如“力的大小与加速度成正比”，并通过实验数据来检验这一假设的正确性。这种主动参与和反思的过程，有助于学生将新知识与既有的认知体系相结合，从而实现对概念的内化和深化。

教师在学生自主构建概念的过程中扮演着至关重要的引导角色。有效的引导策略应以问题为中心，通过设计与学生知识背景和学习目标相匹配的问题情境，激发学生主动思考并积极探究。例如，在阐释电磁感应现象时，教师可以提出“如何增强感应电流的强度”这一开放性问题，引导学生通过实验操作去发现线圈的匝数和磁场变化率的影响，并在此过程中逐步构建起感应电动势的概念。这种以问题为导向的引导方法，不仅能激发学生的学习兴趣，还能促使他们在持续的思考和实践中主动构建知识。

引导学生自主构建概念时，重视认知冲突至关重要。在学习过程中，学生经常会遭遇与直觉判断或既有知识相悖的新信息，这些认知冲突正是激发学习动力和深化认知的关键。以学习浮力作用为例，学生可能会对“物体越重，浮力越大”这一直觉性误解产生疑惑。教师可以设计对比实验，引导学生观察不同重量但体积相同的物体在水中的浮力差异，帮助他们揭示浮力大小与排开液体体积之间的联系，并最终构建起正确的浮力概念。通过精心设计和运用认知冲突，学生能够在解决问题的过程中纠正错误的认知，并对概念有更深入的理解。

四、教学评价与建构效果反馈

在建构主义学习理论的框架下，教学评价和学习效果反馈是物理教学的关键环节。它们不仅为学生提供了关于学习过程的即时诊断，还为教师改进教学设计和调整教学策略提供了有力支持。科学的教学评价和有效的反馈机制能够帮助学生识别学习中的优势和短板，并在持续的改进过程中深化对物理概念的理解和提升应用能力。在建构主义的背景下，教学评价强调过程性和生成性，这表明评价不仅关注学生的最终学习成果，更重视他们在学习过程中的思维模式和知识构建路径。例如，在学习电学中电流、电压和电阻的关系时，教师可以通过观察学生在实验设计、数据记录和公式推导中的表现，判断他们是否能够恰当地运用有关知识，并在评价中激励创新思维和探究精神。这种关注过程的评价方式，不仅能够全面展现学生的学习状况，还能够激发他们在物理学习中追求更深层次的思考和探索。

建构主义理论强调评价的多元化和动态性。评价方法应依据学习任务的特性及学生的实际需求灵活调整。例如，在以实验为核心的学习任务中，通过观察和记录学生的实验操作过程，以及他们对实验数据的分析和解释能力，可以评估他们对相关概念的掌握程度。而在基于问题解决的学习任务中，通过设计开放性问题和小组讨论，可以考查学生在推理和合作方面的能力。这种多样化的评价手段能够更全面地展现学生的学习成果，并为他们提供更加个性化和具有针对性的改进建议。

一个有效的反馈机制是教学评价不可或缺的组成部分，它通过即时的信息交流协助学生识别学习过程中的问题，并调整学习策略。在提供反馈时，教师应注重反馈的具体性和建设性。例如，指出学生在实验操作中数据记录的偏差，并提出改进建议，帮助他们明确改进的路径；或者分析学生在题目推导中出现的逻辑错误，引导他们重新审视推导过程，以得出正确的结论。这种针对实际问题的反馈不仅助力学生迅速纠正错误，还能加深他们对学习内容的理解和记忆。

教学评价与反馈的另一个关键作用是指导教学实践的持续改进。通过对学生学习表现的系统性分析，教师能够识别教学设计中的缺陷，并在后续教学活动中进行调整。例如，若发现多数学生对某一概念理解不够深入，教师可以重新设计教学活动，如增加相关实验或提供更直观的教学材料；若学生在公式推导方面普遍遇到困难，教师可以调整教学节奏，增加针对性的练习或详细讲解。这种基于评价和反馈的教学改进，不仅能够提高学生的学习成效，也有助于促进教师的专业成长。

第四节　物理概念学习中的长期记忆与迁移能力

一、促进概念长期记忆的方法

长期记忆的形成是学生能否将所学知识内化为持久认知结构，并在未来的学习与生活中灵活运用的关键。依据教育心理学中的信息加工理论，短时记忆通过编码、存储和提取等过程可以转化为长期记忆，而只有当概念经过充分的重复练习和深度加工时，才能在记忆中构建起稳固的网络。在物理教学中，为了促进学生对概念的长期记忆，需要综合运用多种策略，包括重复学习、情境化教学、交替练习和元认知的引导。重复学习是促进长期记忆的基础方法。在初中物理教学中，教师可以通过多次呈现关键概念和规律，加强学生对这些内容的记忆。例如，在讲解能量守恒定律时，可以设计多种形式的活动，如理论讲解、实验操作和问题解决，让学生在不同情境中多次接触和应用这一概念。这种多样化的重复学习，不仅能够提高记忆的巩固程度，还能够帮助学生形成对概念的多维度理解。此外，教师需要根据记忆的遗忘规律，安排合理的复习计划，通过间隔性复习减少学生对概念的遗忘。例如，在学习完浮力概念后，教师可以通过定期的课堂测验和实践任务，让学生反复调用相关知识，从而在记忆中形成更深刻的痕迹。

情境化教学法能够加深学生对概念的理解，进而促进长期记忆的构建。物理概念通常具有较高的抽象性，单凭静态的文字描述或公式难以让学生留下深刻印象。教师可以设计真实情境，将抽象概念与实际问题相结合。例如，在探讨杠杆原理时，教师可以引导学生观察日常生活中杠杆的应用实例，如跷跷板、剪刀或扳手。通过分析这些工具的构造和使用方式，学生对杠杆概念的理解会变得更加具体和深刻。情境化学习能够激发学生的情感参与，从而增强记忆的持久性。

交替练习是一种高效的学习方法，它通过在不同任务之间切换，强化学生对概念的灵活运用，并促进长期记忆的形成。在物理教学中，教师可以设计多种类型的练习任务，如让学生在同一节课中解决涉及力学、电学和热学的综合问题。通过在不同情境中反复调用概念，学生能够逐步建立对知识点的多维度理解，从而加深记忆。例如，在讲解速度公式 $v=s/t$ 后，可以引导学生用这一公式分析汽车行驶、河水流速等不同问题，通过任务的多样化提升记忆的迁移性。

二、记忆编码与概念存储优化

在物理概念学习的过程中，优化记忆编码的策略能够协助学生将复杂的物理知识转化为稳固的认知结构，并在需要时迅速提取。依据双重编码理论和深度加工理论，记忆编码的优化需要借助于多重感官的刺激、深度的语义处理以及与既有知识的关联，以在大脑中构建更为坚固的概念表征。多重感官的刺激是记忆编码优化的关键途径。在物理教学中，实验活动、图形展示以及多媒体资源的运用，能够激发学生的视觉、听觉和触觉等多种感官，从而增强记忆的多样性和丰富性。以电磁感应的学习为例，教师可以利用演示实验让学生观察磁铁与线圈的相对运动，以及电流表指针的变化，通过动态的视觉信息加深对现象的记忆。同时，教师可以结合视频和动画资源，让学生通过声音和图像更深入地理解感应电流的生成过程。这种多感官的学习体验为记忆编码提供了更多的神经通路，进而提升了记忆的深度和稳定性。

深度语义加工构成了记忆编码优化的核心，它注重对信息意义的深入理解，而非仅仅停留在表层记忆，从而助力学生构建持久的知识体系。在物理教学过程中，教师应引导学生深入探讨概念的内涵与外延，帮助他们理解概念间的逻辑关系。以力学中动量概念的学习为例，教师可以引导学生分析动量守恒定律在碰撞等实际问题中的应用，让学生在真实情境中体验动量变化的原因与结果，并通过反复的讨论与练习，掌握动量与其他物理量之间的关系。通过这种深度语义加工，学生能够对物理概念形成更为系统化的认知表征。

将新知识与学生既有的知识体系相联结，是优化记忆编码的另一关键策略。物理概念通常不是孤立存在的，而是嵌入在一个复杂的知识网络之中。教师通过帮助学生将新知识与他们已有的认知结构相连接，可以促进学生迅速整合新概念。例如，在学习能量概念时，教师可以将之与力学、热学和电学中的相关知识相联系，让学生理解能量作为统一概念的普遍适用性，并通过跨学科领域的比较分析，形成对能量概念的全面理解。这种基于联结的记忆编码方法，不仅能够加强学生对概念的记忆，还能提高他们对知识的迁移和应用能力。

为了进一步提升记忆编码的效率，教师可以利用现代教育技术，如虚拟实验平台和学习分析系统，辅助学生在动态学习环境中巩固概念表征。例如，利用虚拟实验室模拟复杂的物理现象，让学生在互动操作中亲身体验概念的实际应用，从而加深记忆的可视化和深度。学习分析系统能够记录学生的学习路径，教师据此为学生提供定制化的反馈和改进建议，以优化他们的记忆策略。

记忆编码与概念存储优化的终极目标是帮助学生将短期记忆中的物理知识转化为长期记忆中的稳定表征。通过多重感官刺激、深度语义加工和知识联结等方法，教师能够显著提高学生对物理概念的理解和掌握，为后续学习和应用打下坚实基础。同时，这些优化策略还能够促进学生学习能力的提升，使他们在未来的学科探索中展现出更强大的知识整合和迁移能力。

三、迁移能力的内涵与重要性

迁移能力指学习者将习得的知识或技能迁移到新情境或解决不同问题的能力，它是衡量学习成效的关键指标，也是物理学科教学的核心目标之一。依据心理学中的迁移理论，迁移能力的形成基于学生对知识的深入理解、概念间的内在联系以及对学习策略的灵活运用。在物理教学中，迁移能力不仅有助于学生掌握跨情境应用知识的能力，还能增强他们解决复杂实际问题的能力，从而提高学习的实际效用和科学素养。

迁移能力的内涵涵盖了两种基本形式：正迁移和负迁移。正迁移指的是某项学习经验能够正面影响其他情境中的学习和问题解决。例如，学生在掌握牛顿第二定律后，能够将“力、质量和加速度之间的关系”应用于分析天体运动、汽车加速或物体下落等问题，这种正迁移展示了知识的广泛适用性和学生思维的灵活性。而负迁移是指某项学习经验对其他情境中的学习或问题解决产生了干扰。例如，学生在初学电学时，可能由于“水流类比”的直观理解而误解电流强度与电压之间的关系，导致错误的推理。这种迁移的双面性要求教师在教学过程中不仅要重视正迁移的培养，还应有效识别并纠正负迁移的影响。

迁移能力的重要性体现在其有助于学生超越对知识的死记硬背，将物理概念转化为能够灵活应用于多种情境的认知工具。例如，掌握热传递的基本原理后，学生能够深入分析房屋保温设计中材料选择的重要性，并将这一理解应用于节能环保的实际情境中。在理解杠杆原理之后，学生能够洞悉并改善生产工具的设计，进而提升工作效率。这些迁移能力不仅增强了学生解决复杂问题的综合能力，还激发了他们对物理学的兴趣，使学习过程更加富有意义。

培养迁移能力对学生的学术成长和个人发展具有深远的影响。在学术成长方面，迁移能力促进了知识的整合与创新。例如，将力学知识迁移到其他学科领域，学生能够揭示物理学与工程学、环境科学之间的内在联系，从而催生新的学术思维和研究路径。在个人成长方面，迁移能力提升了学生的批判性思维和独立解决问题的能力，使他们在复杂多变的社会环境中能够更加自信地应对各种挑战。

迁移能力的培养能够提升学生的学习动力和成就感，使他们体会到学习的真正价值。当学生能够将课堂上学到的物理知识应用于现实并解决实际问题时，他们会体会到学习的真正价值，并获得正面的反馈。例如，学生利用所学的光学知识设计出一个高效聚光的太阳能装置，并亲眼见证其效果时，他们将更倾向于积极地探索物理学科的奥秘，并通过不断学习来提高自己的能力。

尽管迁移能力的培养至关重要，但其实施并非轻而易举。迁移能力的形成要求学生对知识的内在本质有深刻的理解，并且需要在多种情境下进行持续的练习，这对教师的教学设计和指导提出了更高的挑战。教师必须设计出多样化的教学情境和任务，让学生在不同的背景下反复运用和调整所学知识，从而在实践中逐步培养出迁移能力。总的来说，迁移能力是物理教学中不可或缺的核心目标，它能够帮助学生将课堂所学转化为解决现实问题的工具，并在跨情境的应用中实现对知识的深入理解和掌握。

四、培养概念迁移能力的途径

培养学生的概念迁移能力，必须借助于科学而系统的教学设计和策略的实施。这种能力并非自发形成，而是需要通过特定的教学干预和实践活动，引导学生从掌握具体知识过渡到在多种情境中应用。在物理教学领域，教师可以采用情境化教学、跨学科整合、问题驱动学习以及鼓励学生自主探究等多种方法，有效地促进学生迁移能力的发展。

跨学科整合能够显著扩展迁移能力的应用范围。作为一门基础科学，物理学与其他学科之间存在着广泛的交叉和联系。例如，教师可以将物理中的电磁学知识与化学中的反应速率或生物学中的神经信号传递相结合，帮助学生理解物理概念在不同领域的适用性。通过这种跨学科的教学设计，学生能够在不同学科的情境中迁移并应用物理知识，进而培养其综合思维能力和创新能力。

问题驱动学习是一种经过验证的、有效的教学策略，它旨在培养学生的迁移能力。在此过程中，教师通过设计开放性问题或复杂任务，激发学生自主探索并运用所学知识解决问题。例如，在探讨热传递概念时，教师可以提出“如何设计一款高效的保温杯”的问题，引导学生从理论分析到实际设计，经历一个完整的学习和应用过程。在这一过程中，学生必须不断调用、调整和扩展他们的知识储备，这种持续的实践显著提升了他们的迁移能力。

学生自主探究是培养迁移能力的关键途径。这种探究方式不仅增强了学生的学习主动性，还促进了他们在不同情境中灵活运用知识的能力。例如，教师可以提供实验设备和研究主题，鼓励学生自行设计并完成实验，如研究不同材料对光的反射率或探讨导热性能的影响因素。在自主探究的过程中，学生需要根据问题的需求选择合适的知识和方法，这种结合自主性和创造性的过程可在很大程度上增强他们的迁移能力。这种能力的培养不仅提升了学生的学科素养和问题解决能力，还为他们未来的学习与发展奠定了坚实的基础。因此，塑造迁移能力是物理教学的长期目标，也是学生成长为自主学习者和创新型人才的关键。

第四章　初中物理核心概念的知识体系分析

第一节　力学核心概念：质量、力与运动

一、质量概念的本质与测量

在物理学探索的旅程中，质量作为基础物理量之一，扮演着至关重要的角色。它是理解物质本质、揭示运动奥秘以及深入研究物质结构的关键起点。其核心价值在于量化物质的惯性特性，并在力学关系中发挥着不可或缺的作用。质量概念的确立，根植于经典力学的基础理论，特别是牛顿运动定律的提出，为质量的物理含义奠定了坚实的理论基础。牛顿第二定律中，质量作为衡量物体惯性的尺度，量化了外力对物体运动状态改变的抵抗程度，这一特性直接确立了质量在力学体系中的核心地位。物体的质量不仅决定了其在受到力作用时产生的加速度大小，还在一定程度上揭示了物体的物质含量，这使得质量成为连接物体与其外部环境相互作用的关键纽带。

质量的本质属性是描述物体中所含物质数量的标量，它与惯性特性之间存在着深刻的联系，这使得质量成为理解力学现象的关键。在经典物理学的框架内，质量被视为一个恒定的量，它不因空间位置或运动速度的变化而改变，这种恒定性确保了物理定律的普适性。然而，随着现代物理学

的进步，质量的含义被扩展到能量与物质转化的研究领域，特别是通过爱因斯坦的质能方程 $E=mc\hat{}2$，质量的守恒性在核反应和高能物理实验中被重新定义为质量与能量守恒的统一体。例如，在核裂变和核聚变过程中，物质的微量质量通过释放巨大能量的形式，展示了其与能量的等效性。这种认识不仅加深了我们对质量本质的理解，也为核能技术的开发提供了坚实的理论基础。

在进行质量测量时，主要采用两种传统方法：静态测量和动态测量。静态测量基于杠杆原理，通过比较待测物体与标准砝码之间的重力平衡来间接确定质量。这种方法在日常实验中显示出极高的可靠性和直观性，因此在实验室和工业质量测量中得到广泛应用。另一方面，动态测量依据牛顿第二定律，通过已知外力与加速度的关系来计算物体的质量。这种方法的应用范围非常广泛，特别是在需要迅速测定大质量物体或无法直接测量质量的场合，如航空器运行测试或天体质量计算中，动态测量显得尤为重要。然而，动态测量对实验条件和环境的敏感度较高，因此在测量过程中必须尽量消除摩擦力、空气阻力等外部干扰，以保证数据的精确度和实验的可重复性。

在初中物理教学中，质量的概念扮演着基础且富有启发性的角色。它不仅是学生掌握物理学基本原理的关键，也是培养学生科学思维模式的基石。在教学过程中，应当重视对质量概念的深入解析和实际操作体验，结合理论讲授与实验操作，引导学生在直观观察与抽象思维之间架起桥梁。例如，在讲授质量的静态测量时，可以通过天平实验来揭示质量与重力之间的联系，并进一步分析重力加速度的地域差异对测量结果的可能影响。此外，设计动态实验，如研究小车在斜面上的运动轨迹与外力作用的关系，可以帮助学生体会到质量在运动规律中的核心作用，从而初步理解质量、力和运动之间的相互联系。在初中阶段的质量概念教学中，教师可以适度融入现代物理学知识，以帮助学生更全面地理解质量的含义。例如，在讨论质量的本质时，可以适当引入质能关系及其在核能技术中的应用，从而让学生对质量的物理意义有更深入的理解。适度引入这些拓展知识，不仅能够激发学生的学习兴趣，还能为他们后续学习动量守恒、能量守恒等更高级概念打下坚实的认知基础。

综上所述，质量概念作为初中物理力学知识体系的核心，其本质在于揭示物质的基本属性及其在力学现象中的作用。通过掌握静态与动态测量方法，学生能够初步建立对质量的定量理解，并通过实验与理论分析的结合，深入理解质量在力与运动关系中的关键作用。这种多层次的知识结构不仅支撑了初中物理知识体系的完整性，也为学生未来科学思维和逻辑分析能力的培养奠定了坚实基础。

二、力的种类与合成、分解

力的概念，作为经典力学的基石之一，是描述物体间相互作用的关键物理量，贯穿了整个力学理论体系。它不仅揭示了物体间相互作用的规律，还为分析复杂的物理现象提供了统一的数学描述方法。力的分类、作用规律以及在不同情境中的合成与分解，是初中力学教学中的重点内容，也是学生构建力学知识框架的核心环节。

力的种类主要依据其来源和作用特点进行划分，包括重力、弹力、摩擦力以及分子力、电磁力等多种形式。重力是地球对物体的吸引力，具有恒定方向（指向地心）和与物体质量成正比的特点。重力的计算公式 $F=mg$ 将重力与质量、重力加速度三者有机结合，形成了分析物体运动状态的重要基础。弹力是物体因形变而产生的恢复力，其大小在弹性限度范围内服从胡克定律（$F=kx$），这一规律是弹簧、建筑材料等弹性体设计和性能分析的重要理论依据。而摩擦力则是一种普遍存在且作用复杂的力，其方向总是与物体的相对运动方向相反，大小受正压力和接触面特性的双重影响。摩擦力分为静摩擦力和滑动摩擦力，其在生活和工业生产中的重要性显而易见，如制动系统的设计、输送设备的优化等。

在深入的物理学探索中，力的分类扩展到了核力和电磁力等微观领域。核力，作为描述原子核内部粒子间强相互作用的关键力，虽然作用范围极短，却在确保原子核稳定性方面扮演着至关重要的角色。电磁力则阐释了电荷与磁场之间的相互作用，其规律通过库仑定律和安培定律得到了精确的描述，并在电磁感应、无线通信等众多技术领域中有广泛应用。尽管力的种类各具特性，它们共同的本质在于物体间的相互作用，这一理解为物理学理论的统一提供了重要的线索。

在实际应用领域，力的合成与分解是解决复杂力学问题的核心工具之一。合力的概念通过平行四边形法则得到直观的表达，即将多个作用力合并为一个等效的单一力，以简化问题的分析过程。在涉及两个力作用的情况下，合力的大小和方向可以通过三角形法则计算得出；而在多力作用的情况下，则需要通过矢量分解将每个力的分量投影到统一的坐标系中，然后逐一叠加求解。这种方法为研究物体的运动状态提供了坚实的数学基础，例如，在分析多个物体受力平衡时，通过判断合力为零的条件来确定系统是否处于平衡状态。

力的分解涉及将一个复杂的力分解成若干沿不同方向作用的分力，以便单独研究它们对物体运动或形变的影响。这一过程通常基于直角坐标系，并利用三角函数来计算分力的大小和方向。例如，在分析斜面上的物体时，重力常被分解为沿斜面方向的分力和垂直于斜面的分力。这种分解不仅简化了问题的处理，还为理解力与运动之间的关系提供了更清晰的视角。力的分解技术在工程结构设计中扮演着关键角色，如桥梁和高层建筑的抗风抗震分析，都依赖于对复杂外力的精确分解和计算。

在初中物理教学中，引入力的分类、合成与分解时，需要平衡理论讲解与实验验证。通过系统性的理论知识传授，学生可以初步了解力的多样性及其在实际问题中的应用规律。例如，通过观察弹簧的形变量与弹力的关系，学生可以理解胡克定律的实际意义；通过在粗糙平面上推动物体的实验，学生能够感知摩擦力在运动中的双重作用。同时，通过实验演示平行四边形法则和分力的实际效果，学生可以直观地感受到力的合成与分解的物理意义。例如，在模拟斜面实验中，通过分力的定量分析，学生可以掌握物体沿斜面方向运动的受力条件。

三、运动状态的描述与改变

在经典力学领域，描述和改变物体的运动状态构成了力学研究的核心议题之一。这一议题贯穿物理学的基础概念及其应用分析。物体的运动状态涉及物体相对于特定参照系的位置随时间的演变，而描述这一状态的基本物理量包括位移、速度和加速度。研究运动状态的变化则需借助力的作用和牛顿运动定律作为理论基础。这些内容不仅在初中物理教学中占据核心地位，也在学生从定性理解转向定量分析过程中发挥重要作用。

运动状态的描述主要通过三个核心物理量来实现：位移、速度和加速度。位移是一个矢量，描述了物体运动路径的起点与终点之间的距离和方向，它揭示了物体运动的空间特性。速度则体现了物体在单位时间内位移的变化，其大小和方向决定了物体运动的速率和方向变化。加速度是速度随时间的变化率，它进一步揭示了物体运动状态的改变趋势。这三个量通过微积分的数学关系相互联系，为研究运动状态的过程赋予了严密的逻辑性和统一性。在初中物理教学中，匀速直线运动和匀变速直线运动是研究运动状态的典型模型，这些模型因其简洁性和易于分析的特点，为学生掌握运动学的基本规律提供了便利。

探讨运动状态的改变，必须从力与运动的相互作用入手。牛顿第一定律阐述了在没有外力作用或外力平衡的情况下，物体将保持静止或匀速直线运动状态，这一原理为惯性概念的确立奠定了基础。牛顿第二定律进一步揭示了外力的大小和方向对运动状态改变的定量影响，即物体的加速度与所受外力成正比，与其质量成反比，这一规律为分析复杂力学问题提供了理论支持。牛顿第三定律则通过作用力与反作用力的等价性，揭示了物体间相互作用的对称性，这一理论在解释物体运动状态的改变中扮演了关键角色。例如，物体从静止到加速运动的过程，实际上展示了力与运动状态改变之间的直接联系，而这一过程的逆向理解（如减速刹车）同样需要考虑力的大小和方向对运动的逆作用。

在教学过程中，描述和分析运动状态通常采用实验演示与图形化分析相结合的方法。通过小车和气垫导轨实验，学生能够直观地观察到匀速直线运动和匀变速直线运动的特征，并通过速度一时间图像与位移一时间图像来分析运动状态的变化规律。这种实验手段不仅有助于学生构建物理量之间的联系，还能锻炼他们的数据处理和分析技能。此外，通过研究不同条件下的运动状态变化，例如自由落体运动与抛体运动，学生能够更深入地理解力与运动之间复杂的相互作用，特别是重力对物体垂直方向加速度的统一影响。

运动状态的改变同样涉及非匀速运动的研究。在这种情况下，加速度的变化呈现出非线性特征，物体的运动轨迹也不再局限于简单的直线，这对学生的数学能力提出了更高的挑战。例如，在分析曲线运动时，将运动分解为切向和法向两个分量，可以更精确地描述力对运动的作用。这种分解方法不仅适用于研究复杂轨迹的运动，还在旋转运动和天体运动的分析中扮演着至关重要的角色。

此外，研究运动状态的改变必须进一步考虑阻力的影响。空气阻力和摩擦力作为常见的非保守力，在运动分析中扮演着关键角色。例如，在探讨物体下落时，由于空气阻力的作用，物体的最终速度将受到阻力与重力平衡的限制。这种现象不仅在自然界中广泛存在，而且在工程设计领域也具有重要的参考价值。通过综合考量这些因素，可以帮助学生对实际问题形成全面的理解，从而提升他们分析和解决问题的能力。

运动状态的描述与改变不仅是物理学研究的关键主题，也是初中物理教学的核心内容之一。通过深入分析位移、速度、加速度等基本物理量之间的相互关系，以及力对运动状态的作用，学生能够逐步构建起对运动规律的系统性理解。

四、质量、力与运动的关联应用

质量、力与运动三者之间的相互作用构成了力学研究的核心议题，它们的交互不仅奠定了经典力学的理论基石，而且在科学、工程以及日常生活的众多领域中都有广泛的应用。在物理学的研究范畴内，质量体现了物体的惯性特性，力是引起物体运动状态变化的直接因素，而物体的运动模式和状态则通过力与质量的相互作用得以展现。深入探究质量、力与运动之间的相互关系，并将其应用于实践，是学生将理论知识转化为实际操作能力的关键步骤，也是深入理解复杂物理现象和构建工程解决方案的重要基础。

质量是物质固有的属性，其惯性特性决定了物体抵抗运动状态改变的能力。在牛顿第二定律的理论框架内，力与加速度的关系通过质量这一比例因子得以量化连接。这一规律不仅揭示了力与运动状态改变之间的直接联系，还通过质量这一中介将物体的内在特性与外在作用统一在同一个数学表达式中。在应用层面，这一理论支撑了众多工程和技术领域的分析与设计。例如，汽车制动系统设计需考虑车辆质量对制动力需求的影响，而航天器发射时，通过调节推进力与有效载荷质量的比例，可以精确控制轨道高度。这些实际应用表明，质量不仅影响物体的运动状态，还通过其对力的响应特性决定了系统运行的效率与安全性。

力作为引起物体运动状态改变的外在因素，其作用特点和种类直接决定了运动形式的多样性。在实际应用中，通过力的合成与分解方法，可以研究复杂力场中的运动轨迹，并结合质量的特性预测物体的加速度及其运动状态的变化。例如，在研究物体在斜面上的运动时，通过将重力分解为沿斜面方向和垂直于斜面的两个分力，可以准确分析物体的加速度与摩擦力之间的平衡关系，并预测物体是否会发生滑动或保持静止。这种分析方法不仅适用于静力学问题，也在动力学和工程力学的应用中具有重要意义，如桥梁结构的受力分析、机械系统的稳定性设计等。

运动的形式与状态变化是力与质量相互作用的结果，而这一变化规律通过牛顿运动定律在不同情境下的具体应用得到了验证与拓展。在匀加速直线运动、抛体运动和圆周运动等基础运动模型中，力的方向与大小决定了运动路径与速度变化的特性。例如，在自由落体运动中，重力作为唯一的外力作用，使得物体以恒定加速度向下运动，这一规律通过伽利略的斜面实验得到了验证。在抛体运动中，水平方向的匀速运动与竖直方向的匀加速运动叠加形成了曲线运动轨迹，这一规律在物理学中具有重要意义，并被广泛应用于工程实践中，如炮弹的射程计算、体育竞技中的投掷项目优化设计等。

此外，质量、力与运动的关系在非惯性参考系中表现出更为复杂的特性。由于惯性力的引入，系统内的力学分析需要同时考虑真实力与惯性力的共同作用。例如，在旋转参考系中，科里奥利力和向心力的存在影响了物体的运动轨迹，这一特性在大气和海洋的流体动力学研究中具有重要应用。例如，地球自转引起的科里奥利力是分析风暴路径的重要因素，而在航空航天领域，惯性力的精确计算对于轨迹规划和姿态控制至关重要。这些实际问题的研究进一步拓展了质量、力与运动三者关系的应用范围，并为更高层次的物理学理论发展提供了启示。

质量、力与运动之间的联系，在能量守恒和动量守恒的研究领域中得到了充分的体现。在一个封闭系统内，质量的惯性与力的作用通过动量和能量的转换紧密相连，这种相互作用为分析复杂系统提供了简化的途径。以碰撞问题为例，动量守恒定律的应用可以预测碰撞后物体的速度分布，而能量转换的分析则有助于我们理解非弹性碰撞中能量耗散的细节。这些理论在现实世界的应用中扮演着至关重要的角色，比如在交通事故的碰撞模拟和工程结构的抗冲击设计等方面。

第二节　电学核心概念：电荷、电路与欧姆定律

一、电荷的性质与相互作用

电荷的存在是物质粒子间基本相互作用的直接来源，其表现形式包括正电荷和负电荷两种类型。正电荷通常由质子携带，而负电荷则由电子承载，这一特性不仅揭示了物质的基本构成，还在宏观与微观尺度上展现了

电学现象的多样性。电荷的性质及其相互作用规律构成了电学理论的基础框架，也是初中电学学习的核心内容之一。

电荷的性质体现在以下几个重要方面。首先，电荷具有守恒性，这意味着在任何物理过程中，电荷的总量始终保持不变，这一特性通过电荷守恒定律得以量化描述。例如，在导体与绝缘体之间的摩擦过程中，电荷的分布会发生显著变化，但总电荷量仍保持恒定。这种守恒性为物质在电场与磁场中的行为提供了理论支持，同时也是电学实验设计的重要原则之一。其次，电荷表现出量子化特性，即电荷的分布呈现离散状态，其最小单位为基本电荷（约为 1.6×10^{-19} 库仑）。这种量子化特性不仅解释了微观电学现象的基本规律，还在现代半导体物理学中得到了广泛应用，如电子流动的离散性与晶体管的工作原理。

库仑定律是描述电荷间相互作用的基础理论，它精确地阐述了电荷之间的力学关系：两个点电荷间的作用力与它们的电荷量乘积成正比，与它们之间距离的平方成反比，并沿着两电荷的连线方向作用。这一规律在实验和理论分析中具有普遍的适用性。例如，通过研究带电粒子在静电场中的运动轨迹，可以推断出电场强度的分布特性，并进一步揭示电荷间的作用机制。值得注意的是，库仑定律主要适用于真空或空气等简单介质环境，而在复杂介质中，如溶液或多相材料中，需要考虑介质的电导率和极化特性对定律进行相应的修正。

电荷间的相互作用不仅表现在力学行为上，还通过引入电场的概念，实现了对空间分布特性的描述。电场是由带电体在空间中产生的物理场，其核心特性表现在对测试电荷产生的作用力上。通过电场强度这一矢量量，可以定量描述电场中某点的受力情况，并进一步预测电荷的运动行为。在均匀电场中，电场强度的大小和方向保持不变，这为带电粒子的轨迹分析提供了简化的条件；而在非均匀电场中，电场强度随空间位置的变化而呈现复杂分布，这一特性对于研究电荷间复杂作用至关重要。例如，在印刷电路板设计和离子束成像技术中，精确计算电场分布对于优化系统性能至关重要。

在微观领域，电荷间的相互作用与量子物理学的融合进一步揭示了其内在机制。例如，在原子和分子的尺度上，电子围绕原子核的运动受到静电力的限制，这一现象构成了化学键和分子间相互作用的基础。量子电动力学的研究将电荷的作用范围扩展到更高能量级别的相互作用场景，如光与物质的相互作用、电磁辐射的发射与吸收等。尽管这些复杂的理论在初中物理教学中并不涉及，但通过简单的现象和实验，可以为学生打下理解电荷基本性质的基础，如利用摩擦起电现象和验电器来演示电荷的分布特性。

在教学中，电荷的性质和相互作用通常以实验观察为起点，通过直观感知电荷的存在和行为，帮助学生建立对电学基本规律的初步认识。例如，摩擦起电实验展示了电荷在不同材料之间的转移过程，而带电小球的吸引和排斥实验则验证了库仑定律的作用规律。此外，通过设计基于静电场的实验，学生可以观察电荷分布对电场形态的影响，从而更深入地理解电荷间的空间相互作用。

二、电路的组成与连接方式

电路的组成与连接方式决定了电荷流动的路径及其能量转化的形式，是理解电学现象与应用的关键环节。在经典电学理论中，电路被定义为电荷在导体中流动的闭合通路，其构成包括电源、用电器、导线和开关等基本元件。通过对这些元件的结构特性与工作原理的分析，可以揭示电路运行的基本机制以及不同连接方式对电路特性的影响。

电源是电路中提供电能的核心组件，它负责将其他形式的能量（例如化学能、机械能）转换为电能，并通过电势差驱动电荷在电路中流动。电源的特性由电动势和内阻共同决定，其中电动势反映了电源推动电荷运动的能力，内阻则体现了电源内部对电荷流动的阻碍。电动势的大小通常与电源的设计和工作原理紧密相关，如化学电池通过氧化还原反应产生稳定的电势差，而交流发电机则利用电磁感应原理产生交变电流。这些基本特性不仅决定了电源的应用范围，还直接影响电路的能效和稳定性。

用电器是电路中能量消耗的主要部件，其作用是将电能转换为其他形式的能量，如热能、光能或机械能。不同类型的用电器在电路中的表现形式各不相同，如电阻器通过电流流动产生热效应，其工作特性由欧姆定律决定；而电机则通过电磁作用实现机械能的输出，其性能受电流强度和磁场强度的共同影响。在实际应用中，用电器的选择与布局需要综合考虑其功能需求与能量转化效率。例如，在照明电路中，LED灯具因其高效率和低功耗逐渐取代传统白炽灯；而在工业生产中，电机的效率优化则直接影响生产成本和能源利用率。

导线和开关作为电路中的辅助元件，其核心功能是提供电荷流动的路径以及控制电路的通断状态。在选择导线材料时，通常会考虑其导电性能和机械强度，铜和铝因其出色的导电性和经济性而被广泛使用。导线的横截面积影响其电阻大小，进而影响电路的电能损耗和传输效率。至于开关的设计，无论是通过机械方式还是电子方式，都旨在实现电路的通断切换。例如，机械式开关通过物理接触来闭合电路，而电子开关则利用半导体器件的导通与关断来控制电路状态。在选择开关时，必须考虑电路的控制需求和运行环境，如高压电路中的断路器设计须具备良好的抗电弧性能，而电子设备中的微型开关则须具备高灵敏度和低功耗。

电路的连接方式主要分为串联和并联两种基本形式。在串联电路中，各元件依次连接，电流在电路中保持一致，而总电压等于各元件电压的总和。并联电路中，元件两端直接相连，在电路中保持一致，而总电流等于各支路电流的总和。这两种连接方式各有其适用的场景和特点。例如，串联电路适用于需要统一电流的场合，如电池组串联连接可以增加总电压以满足高电压的需求；并联电路则适用于需要独立控制的场合，如家用电路中，用电器通常通过并联连接实现单独控制。

复杂的电路系统往往通过串联和并联的组合方式来实现其多功能性。在电路设计的实际应用中，必须依据电路的功能需求来选择恰当的连接模式。例如，在电子设备中，通过巧妙地结合串联和并联，可以优化电压和电流的分布，进而增强系统的稳定性和可靠性。在教学过程中，设计相关的电路连接实验，比如通过观察灯泡亮度的变化来分析串联和并联电路中电流与电压的分布特性，有助于学生直观地理解不同连接方式对电路性能的具体影响。

三、欧姆定律的实验探究与理解

欧姆定律是电学领域中揭示导体电流、电压和电阻之间定量关系的基本原理，其核心在于阐述电流与电压之间的正比关系，以及电阻作为阻碍电流流动的本质属性。该定律不仅在静态电学理论中扮演着重要角色，而且为动态电路行为的分析提供了关键的理论支持。在实验研究中，通过精确的实验设计和详尽的数据分析，验证欧姆定律的普适性和局限性，是电学研究中的一个关键步骤。探究欧姆定律的实验通常从构建一个闭合电路开始，利用电源提供恒定电压，电阻元件作为研究对象，电流表和电压表分别用于测量电路中的电流和电阻两端的电压。在这一过程中，电流与电压的关系被系统地记录下来，并据此分析导体的电阻特性。在理论层面，欧姆定律通过其简洁的数学表达式 $I=U/R$，直观地展示了电流、电压和电阻之间的定量关系，其中电阻 R 是决定导体内部电子运动难易程度的关键变量，而电压 U 则是推动电流流动的驱动力。这一关系的验证通过实验数据的线性拟合得以实现，而实验中观察到的线性关系进一步证实了电阻为常量的假设。

探究欧姆定律时，必须同时考虑非理想电路和非线性元件，这对于全面理解电学理论至关重要。在非理想电路中，电源内阻对电路总电阻的影响不容小觑，这种内阻通常与外电路中的负载电阻串联，从而直接影响电路中电流的大小。通过精确计算总电阻，可以进一步分析电源输出电压与负载电流之间的关系，这一研究对于高效电路设计和能源分配具有重要价值。此外，在非线性元件（如二极管和变阻器）中，电流和电压之间的关系不再呈线性特征，而是受到材料特性和外界条件的强烈影响，这对欧姆定律的适用性提出了挑战。研究这些非线性现象有助于对导体内部载流子行为深入理解，并为新型电子器件的开发提供理论支持。

为了进一步扩展欧姆定律的应用范围，需要将其与复杂电路的分析方法结合起来。在实际应用中，串联和并联电路的总电阻计算是分析电流分布和电压分配的基础，这些计算规则通过欧姆定律的推广得到统一描述。例如，在串联电路中，总电阻等于各电阻之和，而在并联电路中，总电阻的倒数等于各并联支路电阻倒数之和。这些规律不仅在理论上验证了欧姆定律在多元件系统中的适用性，也为复杂电路设计提供了简化计算的工具。

欧姆定律的实验探究旨在培养学生的科学探究能力和逻辑推理能力，通过对实验数据的收集、分析和处理，深化对电学基本规律的理解。同时，在实验中强调误差分析和数据可靠性的评价，可以帮助学生养成严谨的科学态度和系统的研究思维。例如，通过对误差来源的分类讨论，明确仪器误差、系统误差和环境误差的相对重要性，并针对不同类型的误差设计具体的补偿措施，这种实践经验将为更复杂的科学实验奠定方法论基础。

欧姆定律的实验探究不仅局限于静态电路的简单分析，还应延伸至动态电学现象的研究中，例如交流电路的阻抗特性分析以及在动态负载条件下电流与电压的瞬时关系。这些拓展研究在一定程度上超越了初中物理的教学范围，但通过适当简化和引导，可以帮助学生形成对电学现象的初步综合认识，并激发他们进一步探索电学理论和应用的兴趣。

四、电学核心概念的综合应用

电学核心概念的综合应用涉及将电荷、电路、欧姆定律等基础理论相互联系，系统地分析复杂的电学现象，并基于此解决实际问题。这一研究不仅统筹运用了电学知识，而且是探索电路行为和能量传递规律的关键途径。深入探讨电学核心概念在不同情境下的相互作用，有助于揭示其对科学技术和工程实践产生的深远影响。

在电路分析领域，电学核心概念的综合应用体现在电流和电压的分布规律，以及总电阻计算方法的实际应用上。通过应用欧姆定律，串联电路和并联电路的特性可表示为数学模型。在串联电路中，总电阻是各电阻值的总和，电流在各元件中保持一致，但电压则根据电阻值的比例分配。而在并联电路中，总电阻的倒数等于各分支电阻倒数的总和，电压在各支路上保持一致，总电流则是各支路电流的总和。这些规律为电路的精确分析提供了基础工具，并成为研究更复杂电路行为的关键起点。

在功率与能量分析方面，电学核心概念的综合应用进一步揭示了电路运行中的能量转化机制。电功率定义为电压与电流的乘积，通过这一关系可以分析电路中能量的产生、传递和消耗。例如，在负载电阻中，电能通过焦耳定律转化为热能，其功率与电阻值和电流的平方成正比；而在电动机中，电能转化为机械能，其效率受到电流大小、线圈材料和磁场强度等多种因素的影响。这种能量转换规律不仅在电气工程领域具有显著的应用价值，也为能源技术的发展提供了坚实的理论基础。

电学核心概念的综合应用扩展到动态电路与非线性电路的研究领域。在动态电路领域，电压和电流随时间变化的规律成为分析的关键，这种情况下必须引入电容和电感的概念，通过分析电荷存储和磁场能量变化的过程，研究电路的瞬态和稳态行为。例如，在 RC 电路中，充放电过程遵循指数变化规律，其时间常数由电阻和电容的乘积决定；而在 RLC 电路中，电路的谐振特性依赖于电阻、电感和电容的参数匹配。这些规律在无线通信、信号处理和振动控制等技术领域有着广泛的应用。

在非线性电路领域，电学核心概念的综合运用要求我们深入分析特定元件的特性。以半导体器件（例如二极管、晶体管）为例，它们的工作特性导致电路中的电流与电压关系呈现出非线性特征，表现为特定的函数关系。通过建立这些非线性元件的模型，我们能够精确控制放大、整流和开关等功能，这项技术已经成为现代电子学的关键组成部分。非线性电路的研究不仅推动了欧姆定律的拓展，而且通过与动态电路理论的融合，共同构建了现代电学的全面理论体系。

在实际应用中，电学核心概念的综合运用涉及能源传输、电子设备设计以及智能控制等多个领域。以高压输电系统为例，通过降低导线电阻来减少电能损耗，并利用并联电路的特性实现电能的高效分配。在光伏发电和风力发电系统中，通过调节电路参数来优化能量转换效率，并结合储能装置以实现能量的稳定输出。此外，在集成电路设计领域，通过精确控制电阻、电容和电感，全面优化了信号传输的速度、稳定性和功耗，这种技术已经成为信息时代的基石。

在教育实践中，电学核心概念的综合运用不仅有助于学生巩固理论知识，还通过以问题为导向的实践活动，提升了他们解决实际问题的能力。例如，通过设计复杂电路并分析其性能，学生能够深入理解不同元件的功能和作用，或者通过能源系统的模拟实验，让学生认识到电学知识在节能减排和技术创新中的关键作用。这种综合性的教学方法能够有效培养学生的科学思维和创新意识。

第三节　热学核心概念：温度、热量与物态变化

一、温度的概念与测量工具

温度的物理本质反映了物体内部粒子运动状态的宏观表征，即物体中众多微观粒子动能的平均值。借助温度这一概念，物理学得以用宏观的方式定量描述热能的分布状态，并为热现象和热力学定律的研究提供了理论基础。温度不仅是衡量物体冷热程度的标量，更是判断物质是否达到热平衡状态的关键指标。在热平衡状态下，不同物体间的温度趋向一致，这一现象进一步阐释了热量传递的自发性规律，并为热学研究指明了方向。

温度的概念根植于热力学第零定律，该定律阐述了这样一个原理：若两个物体各自与第三个物体达到热平衡状态，那么这两个物体之间也必然处于热平衡状态。这一原理为温度作为状态变量的合理性提供了坚实的理论基础。温度的量化过程关键在于温标的建立，目前广泛使用的温度标度包括摄氏温标（℃）、华氏温标（℉）和开尔文温标（K）。开尔文温标作为国际上认可的热力学温标，其起始点是绝对零度，即分子热运动完全停止

的状态，这使得温度的测量具备了更为精确的物理意义。

温度测量工具的设计基于物质在不同温度下特性参数的变化规律，通过选择具有显著温度敏感特性的材料或现象，将温度的变化转化为可测量的物理量，从而实现对温度的定量测量。常见的温度计包括液体温度计、气体温度计、电阻温度计和热电偶温度计等，它们各自具有不同的适用范围和精度特性。例如，液体温度计利用液体（如水银或酒精）体积随温度变化的规律，通过标定刻度测量温度；电阻温度计则通过测量导体或半导体的电阻变化间接推算出温度值，其高灵敏度和精确性使其在科学实验和工业应用中被广泛采用。

在测量精度的控制方面，温度计的设计需综合考虑响应时间、灵敏度和测量范围等因素。例如，液体温度计虽然具有较好的稳定性，但其响应时间较长，不适合快速变化的温度场测量；而热电偶温度计由于其热电势对温度的高灵敏度，可快速响应温度变化，但其线性度可能受到材料特性的限制。通过优化材料选择和结构设计，现代温度计在不同环境下的适用性得到了极大提升。

温度测量工具的标定过程是确保测量准确性的重要步骤，其核心在于通过标准参考物质在已知温度条件下的状态变化来校准测量装置。例如，在液体温度计的标定中，通常以水的冰点和沸点作为基准温度点，通过实际测量刻画温标的线性变化范围；而对于高精度电学温度计，利用已知温度下电阻或热电势的精确值与标准温标对比校准。通过这一过程，可以有效消除因制造误差或材料非均匀性导致的测量偏差，从而提升温度测量工具的可靠性。

温度的量化不仅为热现象的研究提供了基础工具，也为进一步探索热量、能量守恒及物态变化规律奠定了理论基础。通过理解温度的概念与测量方法，可以将复杂的热现象转化为可观察、可分析的物理过程，从而推动热学理论和应用的不断发展。

二、热量的传递与计算

热量是描述能量在物体间通过热传递方式转移的物理量，其本质为物体内部分子或原子的动能变化，是能量守恒定律在热学领域的具体体现。在热学研究中，热量的传递规律和定量计算是理解热现象及热力学过程的关键，通过揭示不同系统之间能量流动的规律，可以进一步深入研究自然界的热平衡状态和工程系统的能效优化。

热量的传递方式主要包括传导、对流和辐射三种形式，每一种形式都具有独特的物理机制和适用条件。在传导过程中，热量通过物体内部分子或原子间的相互作用，从高温区向低温区传递，而物体本身并不发生整体移动。这一现象在固体中尤为显著，其传递速率由傅里叶定律描述，该定律指出热流密度与温度梯度成正比，比例系数为导热系数，反映了材料的导热性能。对于不同材料，导热系数因其分子结构和键合特性而异，例如金属因自由电子的高移动性表现出较高的导热系数，而非金属材料则主要依赖分子振动来传递热量，导热性能相对较差。

对流是热量通过流体运动实现传递的方式，其物理机制在于高温流体因密度减小而上升，低温流体因密度增大而下降，从而形成循环流动。对流分为自然对流和强制对流两种形式，自然对流由温差引起的浮力驱动，而强制对流则由外部机械力（如风机或泵）驱动。对流传热速率与流体的物性参数（如密度、热导率）和流动条件（如流速、表面形状）密切相关，其数学描述通常采用对流传热系数的形式，通过努塞尔数、普朗特数和雷诺数的关系进行量化。

辐射是一种热量通过电磁波形式从一个物体传递到另一个物体的过程，无需介质参与。其传递速率遵循斯蒂芬一玻尔兹曼定律，该定律指出辐射能量与物体表面温度的四次方成正比，并与表面发射率及辐射常数相关。在高温环境下，辐射传热尤为显著，例如恒星的能量释放和高温炉体的散热主要通过辐射进行。在复合传热现象中，通常需要综合考虑传导、对流和辐射的共同作用。这种多模式传热问题的研究为热工设备的设计和运行优化提供了理论基础。

在热量计算中，引入比热容概念可以量化物体吸收或释放热量的量。比热容定义为单位质量物质温度升高或降低 1°所需的热量，其数值反映了物质储存热能的能力。根据热量与比热容的关系式 $Q=mc\Delta T$，热量的大小不仅与物体的质量和比热容有关，还取决于温度变化的幅度。此外，在相变过程中，物质吸收或释放的热量与温度无关，而是由物质的质量和潜热决定，如熔化潜热或汽化潜热。这一规律揭示了物态变化中的能量转化本质。

对于多物体系统，热量守恒定律可以用来分析系统的热平衡状态。热量守恒定律表明，在无外界能量交换的封闭系统中，各物体间的热量传递总和为零。这一规律不仅适用于简单的热平衡问题，也广泛应用于复杂热力学过程的能量分析，如发动机循环中热效率的计算和热交换器设计中的能量分配优化。

三、物态变化的微观解释

物态变化指物质在温度和压力等外部条件的影响下，从一种聚集状态转换到另一种聚集状态的过程。这一过程在本质上揭示了物质微观结构的重新排列以及分子间相互作用力的变化。深入研究物态变化的微观机制，可以从粒子运动和能量交换的角度深刻理解这一现象的内在原理，为热学理论的发展和实际应用提供坚实的基础。

物质的三种基本状态——固态、液态和气态，构成了物态变化研究的核心。在固态中，物质的分子或原子以规则的晶格结构排列，其位置通过分子间的强作用力被固定，只能在平衡位置附近进行微小的振动。随着温度的升高，分子获得更多的热能，振动幅度增大，当热能足以克服分子间的束缚力时，晶格结构被破坏，固体逐渐转变为液体。在液态中，分子具有较高的动能，排列变得无序，但分子间的吸引力仍然足以维持一定程度的相互约束，使得液体保持一定的体积不变性和流动性。当温度继续升高至汽化点，分子动能进一步增大，分子间作用力被完全克服，液体转变为气体，分子间的运动变得完全自由。这一过程直接展示了分子间相互作用力在物态变化中的决定性作用。

在物态变化过程中，熔化、凝固、汽化、液化和升华等基本过程都涉及能量的吸收或释放，这些能量变化以潜热的形式存在。潜热是指物质在相变过程中吸收或释放的能量，而在此过程中温度保持不变。这一现象表明，能量并非直接转化为分子的动能，而是用于克服分子间作用力或建立新的分子排列状态。例如，在熔化过程中，固体分子间的吸引力逐渐被破坏，潜热的输入使得晶格结构转变为无规则的液态分布；而在凝固过程中，分子动能降低，吸引力重新占据主导地位，潜热以热量的形式释放，促使分子排列形成有序的晶格结构。

汽化和液化过程的微观机制涉及分子逃逸能与凝聚能之间的竞争。在液体表面，一些动能较高的分子能够克服分子间的吸引力，逃逸进入气相，这一现象构成了蒸发的基本原理。当液体加热至沸点时，分子无论在内部还是表面都获得了足够的能量以完成汽化，导致液体整体转变为气体。相反，在液化过程中，气体分子因动能降低而被吸引回液体，重新形成液相。在这一过程中，分子间作用力的强度以及气液界面的温度和压力条件决定了物态变化的速率和程度。

升华和凝华是物质在固态与气态之间直接转变的过程，其特点在于跳过了液态这一中间阶段。微观层面上，这反映了固体分子直接获得足够的动能以克服相邻分子的吸引力，或气体分子直接凝聚形成晶格的特殊过程。由于固体和气体的分子排列差异显著，这一过程通常伴随着较大的能量变化，升华潜热和凝华潜热成为衡量这一变化的量化指标。

压力对物态变化的影响显著，它通过改变分子间距离和作用力来体现。根据勒夏特列原理，当外界压力增大时，系统倾向于向分子间距离减小的方向转变，从而促进液化或凝固；而当压力降低时，分子运动的自由度增大，气化或升华过程得到加强。这种规律在实际工程中得到了广泛应用，如通过增压实现气体液化储存，或通过减压实现液体的低温蒸发。

物态变化的研究不仅局限于经典热学框架内，还在分子动力学模拟和统计物理学领域得到了进一步的拓展。例如，通过分子动力学模拟，可以精确描述物态变化过程中分子运动和作用力变化的动态过程，并从微观视角量化潜热和转变点的具体值。而统计物理学则从概率和能量分布的角度，揭示了物态变化的统计规律和相变临界点的形成机制。这些研究为理解复杂物态变化和材料科学的发展奠定了坚实的理论基础。

四、热学概念在生活中的体现

热学概念在日常生活中的广泛应用，彰显了科学理论对实际问题的解释力和指导作用。深入探讨温度、热量和物态变化的规律，能够将抽象的热学理论与具体的生活现象相结合，揭示热现象的本质，并为生活中的能源利用、环境调节以及健康管理提供科学依据。

温度作为衡量物体冷热程度的关键物理量，在生活中的应用几乎无处不在。气温的变化直接影响人们的生活方式和健康状况，而温度计作为测量工具，通过液柱膨胀、电阻变化或红外辐射捕捉等原理，帮助人们实时监测环境和体温状态。例如，冬季供暖系统的设置需要根据外界气温调节供热强度，而体温计的使用能够快速识别身体健康状况的异常。此外，冷链物流中的温控技术通过精确的温度调节确保食品药品的安全性和有效性，这些实践均是温度概念在实际问题中的直接体现。

热量的传递在烹饪、保温和建筑设计等领域展现了显著的实际意义。在烹饪过程中，热传导是实现食材加热均匀性的关键，如金属锅具利用其较高的导热系数快速将热量从热源传递至食材表面，确保烹饪效果。而在保温领域，热量传递的抑制被广泛应用于热水瓶和建筑保温材料的设计中。真空瓶通过减少对流和辐射的热量损失，保持液体温度的相对稳定，建筑外墙使用高效保温材料，如聚氨酯或岩棉，能够显著降低室内外热量交换，从而提升能效并减少能源消耗。这些设计不仅反映了热传递的基本规律，也展示了科学技术对实际需求的回应能力。

物态变化是热学领域的一个关键概念，在日常生活中表现得尤为显著。冰箱的制冷机制依赖于液态制冷剂的蒸发吸热和凝结放热过程，通过精确控制这一循环过程，实现了对食物的低温保存。空调设备则通过压缩机来调节制冷剂的状态变化，从而实现对室内温度和湿度的精确控制。在环境管理领域，水的蒸发潜热被广泛应用于降温措施，如喷洒水雾能够吸收环境中的热量，有效降低空气温度。而在高海拔地区，由于气压的降低，水的沸点也随之下降，这种物态变化的压力效应可以被直接观察到，这也要求人们必须调整烹饪方法以适应环境变化。

在能源利用领域，热学原理直接推动了能量转换与存储技术的进步。燃烧过程中热能的释放为热力学机器提供了动力，如内燃机通过化学能转化为热能，随后通过膨胀和做功实现机械能的输出。太阳能技术则利用热辐射原理，通过太阳能集热器将太阳光转换为热能并储存，以用于加热水或驱动热力发电设备。这些技术的广泛应用不仅彰显了热学理论的实际应用价值，也为可再生能源的开发和利用指明了方向。

热学原理在医疗健康领域的应用进一步凸显了其在服务人类生活方面的巨大价值。通过热成像技术，可以精确地检测人体表面的温度分布，从而快速诊断炎症、肿瘤等疾病。高温消毒和低温保存技术被广泛应用于医疗设备和生物样本的处理，确保了手术环境的无菌性和药品的有效性。此外，基于热学原理的温控治疗手段，如物理降温与局部加热，也为患者提供了个性化的康复方案。

环境保护和气候变化研究同样依赖于热学原理。地球表面的热平衡受到太阳辐射、地表反射率和大气温室效应的综合影响，这一过程决定了全球气候的变化趋势。通过研究热量在大气中的传递机制，可以揭示全球变暖的内在驱动因素，并为制定减排政策和能源结构调整提供科学依据。同时，热学理论在节能减排技术的设计中得到了广泛应用，如高效绝热材料的研发和废热回收装置的优化。

综上所述，热学原理在生活中的体现不仅是科学理论的具体实践，也反映了人类应对复杂问题的智慧。通过将温度、热量和物态变化的规律应用于能源利用、环境管理、健康保障等领域，人们能够更好地理解自然现象并优化资源配置，从而推动社会的可持续发展和技术的持续进步。

第四节　光学波动概念：光的传播、反射与折射

一、光的直线传播现象与应用

光的直线传播是光学理论中最基本的现象之一，其本质反映了光作为电磁波在均匀介质中以恒定速度传播时的空间轨迹特性。在经典光学的理论框架内，这一现象被广泛描述为几何光学中的光线模型，即光在均匀介质中的路径可视为直线，从而为研究光的反射、折射及光学成像奠定了基础。通过深入探讨光的直线传播的物理机制和数学描述，可以进一步揭示这一现象在自然规律中的核心作用，并为工程实践提供理论支持。

光的直线传播的本质与波动的衍射现象密切相关。在宏观尺度下，由于介质的均匀性和边界效应的忽略，光波的传播方向趋于稳定，从而呈现直线传播的特征。然而，在微观尺度上，光波的传播会受到波动特性的影响，如在穿过极小孔径或遇到障碍物时，光波的衍射现象会显著改变其传播路径，从而对直线传播的理想模型提出修正。为了量化这一影响，可以引入波长与障碍物尺寸的比值作为判断标准，当障碍物尺寸远大于波长时，光波的直线传播特性更加显著。

光的直线传播在数学上可以通过光线模型的简单几何关系描述，如通过引入光路长度的概念，计算光线在不同路径中的传播时间以及对应的光学路径差。光路长度定义为光线在介质中传播的实际距离与介质折射率的乘积，其最小化原则成为光学现象的重要依据。这一原则，即费马原理，指出光在传播过程中总是选择光路长度最短的路径。这一理论的提出不仅进一步验证了光的直线传播规律，也为反射和折射现象的数学推导提供了统一的理论框架。

在深入探讨物理机制时，我们发现光在不同介质中的传播速度是不同

的，这一现象受到介质电磁属性的影响。具体来说，光在真空中的传播速度达到最大值，即 $c \approx 3.00 \times 10^{8}$ m/s。在其他介质中，由于分子结构对光波传播的阻碍，光速通常会降低。这种速度的比值被定义为介质的折射率。通过研究折射率与光波长之间的关系，我们可以进一步理解色散现象的本质——即光在介质中传播时，不同波长的光速存在差异，这导致了白光的分解和颜色的分散。

直线传播的原理也为光学仪器的设计提供了重要的理论支持。在均匀介质中，光线的路径可以通过几何关系精确计算，为镜头、光纤和激光设备的设计提供了理论基础。以光纤通信为例，光在光纤内部通过全反射现象保持传播路径，这一过程中光的直线传播特性是实现信号传输的高效性和低损耗的关键。通过进一步优化光纤材料的折射率梯度和表面反射特性，可以有效提升信号的传输距离和质量。

在教育领域，光的直线传播现象常被用作几何光学教学的起点。通过结合实验观察和理论分析，帮助学生从宏观角度对光学规律形成初步认知。例如，通过引导学生绘制简单的光路图，展示光在不同介质中的传播路径变化，让他们直观地理解光线模型的数学特性。此外，通过引入实验中的偏差与误差分析，进一步培养学生严谨的科学思维和系统的研究方法。

二、光的反射规律与光路图绘制

光的反射定律是几何光学领域中最核心的原理之一，它揭示了光线在界面处传播方向改变的机制以及光路的可逆性特征。深入探究光的反射定律及其光路图的绘制，有助于构建光学现象的定量分析框架，为镜面反射、漫反射等多种光学现象的解析奠定坚实的理论基础。

反射定律指出，当光线从一种介质穿越至另一种介质的界面时，入射光线、反射光线以及法线将共处于同一平面内，并且入射角与反射角相等。这一法则在物理学上直接反映了光的波动性质和能量守恒的基本原理。在界面处，光波的电场和磁场分量必须满足边界条件，这导致入射波与反射波的相位和振幅分布满足特定的匹配条件，从而从微观角度阐释了反射角与入射角相等的几何规律。

镜面反射是反射现象中最普遍的形式，其特点在于反射光线严格遵循反射定律，同时保持了光束的方向性和能量密度的集中性。在光滑平面的反射过程中，光线的传播路径可以通过精确的几何作图进行量化分析，如通过连接光源、界面法线和反射点，绘制出完整的光路图，以验证入射角与反射角的对称性。光路图的绘制不仅是理论分析的关键工具，也是实验验证的关键手段。通过分析实验中光路的偏差与误差，可以进一步提升反射模型的精确度和适用范围。

漫反射是指光线在粗糙表面上发生的复杂反射过程，其特点在于反射光线的方向分布呈现各向异性，不再局限于镜面反射的单一方向性。从微观角度理解，这种现象是由于界面法线的随机分布导致光线方向散射，即入射光线与界面法线的局部夹角在不同位置不一致，从而使得反射光线的分布呈现随机性。漫反射的研究对于理解物体表面的光学特性和纹理特征至关重要，如通过分析反射光线的角度分布，可以推断出物体表面的粗糙度和材质信息。

在物理应用领域，反射定律为多种光学仪器和系统的设计提供了理论基础。例如，在反射望远镜中，通过精密加工的曲面反射镜聚焦光线以实现高效成像，这一过程中反射规律被严格用于计算镜面曲率和光路分布。而在光学传感器中，通过镜面反射提高光线的检测灵敏度，则需要对反射面的反射率和光线的入射角进行优化设计。此外，在建筑和工业领域，反射规律的研究也被用于设计高反射率涂层和光学防护材料，以实现对光线的高效利用和环境控制。

反射现象的研究在光路图绘制方面具有重要的实际应用价值，通过精确绘制光路图可以为复杂光学系统的分析提供直观的几何解释。例如，在多面镜系统中，通过逐一分析各界面的入射角和反射角，绘制出光线的完整路径图，从而准确计算光束在系统中的传播时间和路径长度。这种几何分析方法也为光学系统的误差分析和优化设计提供了有力支持，如在激光器中，通过光路图验证光束的反射路径，可以有效调整腔体结构以提高激光输出的稳定性。

在教育实践中，光的反射定律及其光路图的绘制是几何光学教学的关键组成部分。通过引导学生从理论推导和实验观察两个维度来理解反射定律，并运用光路图进行系统分析，有助于学生掌握光学现象的定量描述技巧。此外，结合反射现象在实际应用中的案例，如光学仪器的工作原理以及日常生活中的反射实例，能够进一步提升学生对光学规律的理解和应用意识。

三、光的折射原理与成像分析

光的折射现象描述了光线在穿越两种不同介质的界面时，其传播方向发生改变的情形。这一变化的根本原因在于光在不同介质中传播速度的差异。折射不仅展示了光波在介质中传播时的独特行为，而且为光学成像、光谱分析以及光学仪器原理的研究提供了关键的理论基础。深入理解光的折射规律和成像原理，能够帮助我们在几何光学的框架内构建更为精确的光学模型，进而促进光学理论及其应用领域的持续发展。

光的折射规律遵循斯涅尔定律，该定律阐述了在两种介质的分界面上，入射光线、折射光线与法线共处于一个平面内，并且入射角与折射角的正弦值之比等于两种介质的折射率之比。这一数学关系不仅阐释了折射角如何随着入射光的方向和介质折射率的变化而变化，还表明了光在不同介质中传播路径的可预测性。斯涅尔定律的推导基于光在界面处的连续性条件，即光波前在传播过程中保持相位连续性，这一条件从微观层面揭示了光波在介质界面处能量和动量守恒的特性。

折射现象的强度与介质的光学性质紧密相关，尤其是介质的折射率，它直接决定了光的传播路径和速度。折射率定义为光在真空中的传播速度与在介质中的传播速度之比，这一物理量不仅揭示了介质对光传播的阻碍程度，还与光的波长存在一定依赖关系。这种波长依赖性引起了色散现象，即白光在通过界面时被分解为不同颜色的光，这些颜色对应于可见光谱中不同波长的部分。对色散现象的深入研究，进一步加深了我们对折射规律的理解，并为光学棱镜、光谱仪等仪器的设计提供了坚实的理论基础。

在光学成像的分析领域，折射定律扮演着至关重要的角色。斯涅尔定律使我们能够精确计算光线在透镜中的传播路径，并结合几何光学中的成像公式，分析物体在不同透镜组合下的成像特性。例如，凸透镜的成像规律表明，当物体位于透镜的焦点之外时，会形成倒立且缩小或放大的实像；而当物体位于焦点之内时，则会形成正立且放大的虚像。这一成像特性为显微镜、望远镜和摄影设备的设计提供了理论支持，并在精密光学仪器的研发中得到了广泛应用。

全反射的特殊条件下，折射现象展现了更为显著的光学特性。当光线从折射率较高的介质射向折射率较低的介质时，若入射角超过了临界角，光线将完全被界面反射回原介质。这一现象不仅证实了斯涅尔定律的正确性，而且为光纤通信技术的发展奠定了基础。在光纤内部，全反射效应确保了光信号仅在纤芯内传播，显著减少了信号的能量损耗，并提升了数据传输的效率与稳定性。

光的折射规律及其成像分析在物理学和工程技术领域具有极其重要的价值。例如，在建筑设计中，通过折射现象的分析可优化玻璃幕墙的透明度和光线透射效率；在激光加工领域，利用折射规律可精确控制激光束的焦点位置，以实现高精度的加工效果。此外，折射规律在医学影像学中也扮演了关键角色，如在光学相干断层扫描技术（OCT）中，通过折射现象获取组织内部的高分辨率图像，为疾病的早期诊断和治疗提供了有力的技术支持。

四、光学波动概念的拓展与延伸

光学波动理论的拓展与深化构成了现代光学研究的核心，通过融合光的波动性和粒子性双重属性，我们能够更深入地揭示光的传播特性、相互作用以及能量交换的复杂机制。这一研究领域从经典光学的几何框架扩展到波动光学和量子光学的范畴，极大地加深了我们对光学现象的理解，并为现代光学技术的进步提供了坚实的理论基础。光的波动性是解释干涉、衍射和偏振等现象的关键。在经典波动光学中，光被视作横波，其传播伴随着电场和磁场的周期性变化，波动性在多缝干涉实验中尤为突出。通过研究两束相干光叠加后的强度分布，我们观察到光强在空间上形成明暗相间的条纹，这些条纹直接体现了光波的相位差及其叠加规律。干涉现象的数学描述基于波动叠加原理，其中光强与振幅的平方成正比，这一原理为双缝实验、薄膜干涉以及光学测量提供了关键的理论支撑。

在衍射现象中，光的波动性表现得更为明显。当光波遇到障碍物或通过小孔时，其传播路径会发生偏转，并在空间中形成特定的强度分布，这种现象即为衍射。依据惠更斯-菲涅耳原理，波前的每个点都可以看作是新的波源，这些新波源发出的次波相互干涉，形成了衍射图样。单缝衍射的分析揭示了光强分布受到缝宽、光波长和观察距离的共同影响，而多缝衍射则进一步展示了主极大和次极大之间的复杂关系。衍射理论在光学仪器分辨率的计算中扮演着关键角色，例如，光学显微镜的分辨率极限受到光的衍射极限的制约，这一理论为提升成像质量指明了优化路径。

光的偏振特性直接体现了其横波性质。自然光的振动方向是随机的，而偏振光则具有特定的空间取向。通过使用偏振片、双折射晶体等元件，我们能够生成并调控线偏振光、圆偏振光和椭圆偏振光。对偏振现象的研究不仅加深了我们对光波性质的理解，还在众多应用领域中扮演了关键角色。例如，在光通信领域，利用偏振态的差异可以实现信号的编码；而在液晶显示器中，通过偏振光的调制可以产生高质量的图像。

光的粒子性与波动性紧密相连，并在光电效应的实验中得到了验证。根据普朗克的量子理论，光的能量以光子的形式存在，且其能量与频率成正比。这一理论不仅阐释了光电效应中电子从金属表面逸出的现象，还揭示了光子在能量交换过程中的离散特性。光的粒子性为量子光学的研究提供了坚实的基础。例如，在激光技术中，光子的相干性和强度分布直接决定了激光的输出特性。深入探讨光的波粒二象性，有助于我们对复杂光场行为进行精确描述，如在量子纠缠光场中研究光子的非局域性及其对信息传输的影响。

现代光学的发展不仅扩展了经典波动理论的范畴，还融入了光与物质相互作用的量子机制。例如，腔量子电动力学的研究揭示了光与原子间相互作用的自发辐射增强和抑制现象，这些研究对量子计算和量子通信的进步具有深远的意义。此外，非线性光学作为光学波动理论的进一步拓展，探讨了在高强度光场中光与物质的非线性响应特性，如倍频、和频、参量放大等过程。这些非线性效应在超快激光技术和全光信号处理等领域中得到了广泛应用。

光学波动概念的延伸也为实际技术的发展提供了理论依据。例如，在光纤通信领域，通过深入研究群速度色散与偏振模色散的影响，有效降低信号失真，我们能够优化光纤结构，从而提升信号传输的效率。在光学成像方面，通过调控波前相位，我们实现了高分辨率图像的捕获。这些研究不仅促进了光学理论的发展，还在通信、医疗、能源等多个领域催生了重大技术突破。

第五章　初中物理概念教学中的实验与探究

第一节　实验教学在物理概念建构中的作用

一、实验激发概念学习兴趣

在物理教学中，引入实验的目的远不止于展示特定现象或验证书本知识。实验的真正价值在于通过其生动、直观的动态过程，激发学生对客观世界的认知兴趣和探索欲望。这种综合视觉、听觉乃至触觉的感官体验，往往能在学生心中“种下好奇的种子”。从教育心理学的视角分析，实验在激发概念学习兴趣方面具有不可替代的作用。面对直观且具有挑战性的实验现象，学生更容易产生将抽象概念与现实情境联系起来的内在动机。因为新颖或独特的体验会促使大脑不断加工信息和构建意义，帮助学生在探索规律的过程中逐步构建对物理概念的深入理解。在课堂教学中，教师应将实验过程与学生的现有认知结构相协调，引导他们在目睹令人印象深刻的实验现象时，主动寻求解释，而非被动接受概念。社会建构主义理论指出，个体在与环境互动时，需经历冲突与调适。实验引起的认知冲突能够吸引学生的注意力，并激发他们提出更深层次问题的意识。当认知失衡发生时，个体会试图整合新信息以恢复平衡，进而自主探索概念内涵与实验情境之间的联系。这种从不确定到明确、从模糊到清晰的概念探索过程，能够持续激发学生的学习热情。

将多感官刺激与环境情境相结合，是激发概念学习兴趣的关键因素之一。在物理学习过程中，抽象的符号和公式可能会让一些学习者感到疏远。然而，当他们亲眼见到实验仪器的实际操作，听到或感受到现象变化时，便会意识到课本中那些难以理解或看似枯燥的概念实际上与现实世界紧密相连。这种认识通常会增强学习者对概念的亲和力，并在不知不觉中提升他们的学习自信。当学生带着情感深入理解某个实验现象时，大脑的情绪和认知区域会协同工作。正如有关专家指出的，当学习活动结合正面情感和沉浸式体验时，长期记忆和思维迁移能力会显著提升。因此，在设计物理实验时，除了考虑安全性和可行性外，还应关注其吸引力和情境感。通过实验装置的外观、操作过程以及实验结果的鲜明对比，我们可以在很大程度上激发学生的好奇心和求知欲。一旦这种兴趣被点燃，它往往能成为推动后续探究行为的重要内在动力。

在探讨如何激发学生对实验的最大兴趣时，我们可以考虑增强学生的个人参与感并鼓励他们自主操作。尽管这里没有具体列举实验案例，但从学生亲自操作所获得的心理满足感中，我们可以深刻感受到“做中学”的理念和经验在激发兴趣方面的重要性。如果学生仅限于被动地观察教师的演示，而没有亲自操作的机会，那么实验所激发的探索热情将会大打折扣。因为只有在亲自动手的过程中，学生才能更直接地体验实验的关键步骤，从多角度捕捉现象与数据之间的微妙联系。这种主观能动性会驱使他们对“为什么会发生这样的变化”产生深入的思考，并进一步探索概念的深层含义，将其融入自己的认知体系中。可以说，当实验从静态的知识展示转变为动态的、互动的学习活动时，学生在课堂上的参与热情会显著提升，对物理学科的持续学习动力也会随之增强。

激发学习兴趣不仅依赖于教师对实验情境的巧妙引导，还在于学生面对物理实验时，可能同时体验到对新奇事物的好奇与对复杂操作的畏惧。这两种情感的相互作用，最终决定了学生对探究活动的投入程度。如果教师在设计实验时能预判学生可能遇到的困难，并适时提供鼓励与支持，就能在一定程度上缓解对失败的恐惧。当学生在实验中克服心理障碍，成功获取预期数据或观察到与预想相符（或截然不同）却引人深思的实验结果时，他们通常会感受到内在自我效能感的提升。这种自我效能感为深化概念理解提供了强大的动力，并为后续更高层次的学习兴趣奠定了坚实的心理基础。因此，实验对于概念学习兴趣的激发，不仅停留在表面现象带来的短暂好奇，还能催生出持续的内在动机与成长性思维，这对于长周期的物理学习过程具有不可替代的意义。

进一步的研究表明，物理实验在激发概念学习兴趣的同时，还能有效促进同伴间的互动。特别是在小组合作或分组探究的实验模式中，学生通过讨论和对比实验结果，不断交换观点与疑问。这种群体间的社会互动，进一步刺激了思维的碰撞与扩散，使得更多有潜力但尚未被挖掘的兴趣点得以浮现。换言之，实验不仅是学生与客观事实之间的信息交互，更是学生与学生之间的思维交流平台。在众多教学实践中，教师经常观察到一些原本对物理不感兴趣或学习态度消极的学生，在某个实验环节中的意外发现或灵光一现，激发了对相关概念或知识点的探究热情，从而带动了学习态度的转变与成绩的提升。尽管这里避免了对具体案例的详细描述，但其背后的理论依据与教育学和心理学的研究紧密相关：集体互动带来的社会归属感以及群体对个体成就的认同度，均可放大兴趣动力的正面效应。

因此可以说，物理实验在初中阶段的价值不仅体现在概念呈现或操作训练层面，更体现在对学生潜在好奇心与自发求知欲的启迪，进而对整体学习兴趣形成了持续且强大的推动力量。当学生通过实验获得激动人心的发现时，会将此类积极体验与物理学科建立起更为稳固的情感联系。这种联系使他们在遇到困难概念或复杂问题时，依旧保持乐观积极的学习态度，并在反复尝试与实践中逐步构建对物理世界的深层理解。由此可见，实验作为一种独特的教学载体，能够运用丰富多样的感官刺激与情境设计，引领学生在观察与思考中将枯燥的术语转化为富有生命力的概念图景，让物理不再是停留在课本文字与公式叠加的刻板形象，而是以一种活生生的方式激荡在学生的认知中，并继续在其学习生涯乃至未来人生道路上发挥恒久的启示作用。

二、实验验证物理概念的真实性

物理概念的真实性往往并非仅凭理论推演就能在学生头脑中形成完整而牢固的认知，因为在实际教学场景中，抽象公式与语言描述虽然能提供一定程度的认知结构，但仅凭言语和符号难以让初中学生彻底明确概念所对应的客观事实。当人们从求真务实的科学素养培养角度审视这个问题时，就会发现教学实验所承担的重要责任是让学生直接观察甚至测量到概念背后的物理量与规律，从而在感官与认知互动的基础上，坚定确信所学概念在现实世界中具有可感知、可测定、可分析的“真实性”，而并非教师口中的“理论假设”。一旦学生对某个概念的真实性产生怀疑或者仅停留在模糊认同的状态，他们便可能在后续更复杂知识的学习中出现理解断层，导致学习效率和学习自信的双重削弱。因此，通过实验去验证概念真伪，并将抽象的符号“锚定”在可感知的现象之上，是初中物理概念教学中不可或缺的环节。

当人们探究实验验证对概念真实性的构建作用时，应该认识到学生在操作实验仪器和记录数据的过程中，并不仅仅是在完成一项机械的任务，而是在形成对自然规律的实际感悟和对知识可靠性的深度确信。例如，研究者常常指出，处于认知发展关键期的初中学生，对于那些超出日常经验或违背常识直觉的物理概念非常容易产生疑问和不信任感。但在这里并不做具体案例的赘述，只需阐明，当学生利用实验器材观察到现象与理论预期相吻合时，他们会经历一个“由怀疑到相信”的心理过程，并会对自己实际测量的数据进行再三对照和比对，以此确认该现象确实存在合理的内在逻辑。社会建构主义认为，知识是个体在与环境、他人交互中逐步建构起来的，当学生在实验情境下获得了可见可感的证据，便会在一定程度上消解先前的认知冲突，同时巩固对概念真实性的深度认同。这种过程不仅是对知识点的强化，更是对科学研究方法与思维方式的内化。

当学生通过实验验证确立了对物理概念真实性的坚定信念后，他们通常会更加自信地在后续的探索中应用这些概念，以理解和阐释其他物理现象。换句话说，验证阶段为知识的迁移和综合应用打下了坚实的基础。因为在亲手完成的实验中，学生积累了直接证明概念可靠性的经验，不再只是机械地接受权威文本或教师的陈述。他们通过亲身实践，体验到了概念与现实世界的紧密联系，这极大地提高了他们面对新物理问题时的积极性和创造性。教育心理学的研究表明，当学生通过数据对比和现象观察确立了明确的信念，他们的认知结构中就会形成更加稳固的“锚点”。这些锚点有助于他们在学习更高级的概念或分析复杂情境时，迅速建立联系并形成系统性的思维框架。因此，在初中物理教学中，特别需要重视对基础概念真实性的反复实验验证和有效强化。

实验验证在构建物理概念真实性的过程中，也为教师提供了宝贵的诊断机会。实验数据的收集和结论的分析通常能够揭示学生对概念理解的偏差或误区。教师可以通过比较学生的实验结果与理论预期之间的差异，来评估他们的操作能力和概念认知水平是否达标。如果学生无法获得正确的数据或对结果的含义解读有误，这需要在后续的教学互动中对概念的理解进一步澄清和补救。换言之，实验过程使教师能够更及时地发现并纠正学生的错误理解，防止这些错误概念在学生的认知体系中潜伏，最终在更高级的学习阶段导致更严重的困难和混淆。因此，实验验证不仅是对概念真伪的检验，也是一种“概念诊断”的工具，它帮助教师准确把握学生的思维动态，从而有针对性地调整教学策略。

进一步观察，实验验证的过程不仅能够培养学生对实证精神与科学态度的敬重，而且当他们反复对实验数据进行测量、记录、比较并结合理论做出客观分析时，就会逐渐领悟到科学研究并非一蹴而就，而是一项需要耐心、细致与独立思考的过程。通过这样的训练，学生会更加珍视基于证据的结论，不会轻易被表面现象或社会流行观点所左右，也能够在社会化进程中保持一定程度的理性反思能力。在任何阶段进行知识学习时，如果只是空泛地接受他人的说法而缺乏切身实证的过程，往往难以对这些知识形成牢固持久的信任，更难以在实践层面加以灵活运用。只有经历了实验求证的过程，并与已有认知形成紧密联结，学生才可能逐步养成“用数据说话、用事实说话”的科学素养，这对于他们将来无论是继续从事学术研究，还是投身实际生产生活，都会产生深远影响。

借助对物理概念真实性的实验验证，学生也会更愿意投入到后续的学科拓展与知识延伸中，因为人们通常对于“已被亲眼看到或亲身测量过的事实”抱有更高的信任度与更强的探索动机。而这一基本的心理规律可以被教师巧妙运用于教学设计，以引导学生在掌握基础概念后，进一步思考概念的适用范围及局限性，并对比不同环境或不同条件下的实验结果，来探究在更广泛层面上概念能否依旧成立或者如何修正。这样的过程已经不再是单纯的“验证”，而是一种将学生从初步认识引向批判性思考与探究发现的教学策略，唯有在这样的连续性思维链条中，概念的真实性才会得到多角度的立体化展示，也会让学生对物理学科有更为深刻的领悟，而非停留在“死记硬背公式、考完即忘”的低层次学习模式。

来自教学法和心理学领域的研究进一步证实，要让学生完全信服并理解某个物理概念的真实性，单一的验证实验往往不足以消除他们所有的疑问或根深蒂固的错误观念。反复观察和比较具有差异性的实验现象，通常能提供更为有力的证据。尽管这里不详细展开具体的对比实验细节，但可以强调的是，在教学的不同章节或学习阶段，教师有意识地组织学生复现或改进之前做过的实验，有助于追踪他们的进步轨迹和概念掌握程度的变化。这一过程不仅复习和巩固了原有结论，也为学生提供了重新审视和反思的机会，使他们在重复验证的过程中发现更多细节，逐步深化对概念本质的理解。这种多次、跨情境的验证方式能够不断加强学生对概念真实性的信念，并使他们在面对不断变化的科技挑战时，始终保持对基础概念和物理规律的尊重与敬畏。

从整体上看，实验验证在初中物理概念教学中的作用是不可替代的。它不仅是对现有理论认知的落实与见证，更是学生走向独立思考和科研素养培养的重要里程碑。通过直接接触现象和数据，学生建立起对概念真实存在和普适价值的深刻理解。这种理解反过来又会在后续学习中推动对相关知识的融合与应用，使他们能够基于实证论据进行更高层次的推理与创新探索。可以说，实验验证已经渗透到物理教育的各个层面，不仅使抽象知识变得可视化和具体化，还让学生在每一次操作和思考中体验到科学的力量和思维的魅力，使概念的根基在他们的脑海和心灵中深深扎根，为他们的科学成长之路奠定坚实的基础。

三、通过实验深化概念理解

物理学科之所以让许多学生感到困难，根源之一在于概念往往具有相对的抽象性与符号化特征。学生在仅通过课本阅读与听讲的情况下，很难将那些分散的事实与理论信息有效组织并形成具备内在逻辑的理解结构。当人们试图在教学设计中引入实验，以促进学生对概念的进一步消化和内化时，就会发现"深化概念理解"往往要经历反复的猜想、观察、检验、反思等多重环节。这个过程并非一蹴而就，也不仅仅依赖一次演示或测量，而是需要在连续的实验学习中慢慢积累经验，并通过不断对实验现象与理论框架的交互印证来获得更加系统、完整的概念体系。深化理解的核心在于，让学生能够在不同条件下、以不同操作方式探寻概念的适用范围和变化规律，从而将其从"知道是什么"逐渐推向"明白为什么"的层次，这也是实验教学在物理概念建构中所发挥的重要功能之一。

当人们从认知心理学的视角思考实验如何引导学生深化对物理概念的理解时，可以注意到以下关键点。首要环节是学生对基本术语和现象具备初步的感知与思考，如果缺少最初级的概念预备，实验过程反而会显得盲目或徒劳。此时教师需要在课前或实验前，给学生提供一定的背景信息，引导他们形成初步假设或预测。在接下来的实验环节，学生会基于此前的假设做实际操作，并收集各类数据及现象变化的线索，以此对自己的假设进行修正或证实。这个过程不仅让学生重新审视概念的内涵，还迫使他们去理解概念与操作步骤之间的关系，以及概念与实验现象背后的机理映射。当实验的结果与学生先前的认知发生冲突时，会引发更深层次的反思与讨论，此时概念才能被进一步厘清或扩展到新的层面。这种通过"假设—实验—反思—重建”的循环所带来的深度学习体验，是纯粹的讲授或阅读难以替代的。

概念的深化不仅仅体现在对不同情境或变量条件下结果的比较中，因为物理规律通常不局限于单一环境，而是在更广泛的范围内保持其适用性，同时在某些极端条件下可能会相应地改变或失效。如果学生仅能观察到某个概念在特定场景下的表现，他们将难以理解其更广泛的衍生意义或限制条件。然而，通过在实验中改变参数、调整操作流程甚至升级实验装置，学生则能够掌握更多维度的信息。在一次或多次的循环探究过程中，他们会发现，尽管相同的概念在不同环境下可能产生相似的结果，但在某些特殊情境下却会出现偏差或例外，这将激发他们对概念边界的思考。这种思考并非仅仅停留在浅层次的记忆上，而是涉及“这个概念是否普遍适用”“在哪些条件下适用”和“如何判断它何时不适用”等更深层次的问题。当学生能够自发地提出并追问这些问题时，表明他们对概念的理解已经从简单的记忆或解题能力，进化为能够在现实情境中进行解释和评估的高阶认知水平。这些认识的转变正是实验教学不断丰富学生感知与思维材料的结果。

物理实验在概念深化中扮演着至关重要的角色，它有助于学生培养关联思维。初中物理并非孤立知识点的堆积，而是一个相互联系、相互制约的综合体系。在实验设计中，恰当地将相关概念贯穿起来进行观察与分析，能够让学生认识到某一概念与另一个概念之间的依存关系或逻辑过渡。当学生在一项实验中不仅涉及力学知识，还会因为测量工具或测量方法而触及能量、运动学或电学的概念时，他们会逐渐建立起跨概念联系的思维模型。这种关联并不是简单的知识拼接，而是更具网络化、结构化的认知构建。当这种关联思维在学生的大脑中形成，概念间就能够相互启发、互相支持，最终让学生在解题或解决实际问题时做到融会贯通。

深入探讨这个过程，还会发现实验中的观察细节和数据分析往往能够激发学生对概念背后数学关系的进一步理解。因为物理概念大多需要借助图像、符号或方程式进行表达，学生通过实验所得的各种量化数据，可以直观地看到函数关系或比例关系如何映射到概念的实际含义上。这里要特别指出，深化概念理解并非只停留在知晓公式的结构与代数变形技巧，而是包括对公式中每个变量意义的体察、对物理量单位与尺度的敏感以及对假设条件的判断等各个维度。许多初中生常常因为只会在试题上套用公式，而忽略了对概念与公式内在关联的探究，导致在稍作变化的情境中就无所适从。可是在实验过程中，当他们亲身测量得出一系列数值、画出对应的图线并与相应的理论曲线进行比较时，会对“为什么是这个公式、为什么变量之间存在这样的关系”产生强烈的好奇和理解需求。这种需求的满足过程就是概念深化的过程，他们会逐渐由被动地接受到主动地发现公式的来龙去脉，并从纯粹的记忆式学习转向理性与证据并重的科学学习。

概念的深化与培养学生的批判性思维紧密相连，物理学科的实验往往不局限于单一的标准答案或结果。面对实验误差、设备限制和操作失误等问题，学生必须运用理性判断和逻辑推理，以区分哪些数据和现象符合理论预期，哪些差异可能指向新的问题或研究方向，以及哪些错误可能源于操作不当或仪器故障。正是在复杂情境下的辨识与思考，使学生逐步学会在观察与结论之间建立更为谨慎和审慎的思维路径。当学生能够深入理解概念的多维性和验证过程中可能遇到的干扰因素时，他们就能对概念的局限性和适用条件形成更客观的认识。这不仅深化了对概念的理解，也是科学探究精神培养的间接体现。

在教学实践中，为了使实验更有效地支持概念的深化，教师需要对实验过程进行细致的指导和开放式设计。过于单一和程序化的实验会使学生停留在机械操作的层面，无法激发他们主动思考，也不会促进概念层面的提升。通过鼓励学生“自拟实验方案”或改进现有实验，让他们从实验设计之初就思考如何更准确地测量、如何更合理地控制变量、如何更科学地记录数据和如何更有效地分析结果。这些思考通常与概念的结构和意义密切相关。实验初步完成后，还需要组织学生进行相互质疑和交叉检验，以形成不同小组或个人之间的多元视角。这样，概念便在多层次、多角度的互动中逐渐丰富其内涵与外延，学生对概念的感悟和实践理解也会随着这种互动而不断深化。

从长远来看，通过实验深化概念理解能够为学生未来的自主学习和学科拓展打下坚实的基础。因为当学生对概念有全面而灵活的掌握时，面对更高年级或更高难度的物理内容，他们能够迅速建立知识与新概念之间的联系，并且更容易在跨学科的情境中进行综合运用。这样培养出来的学习者不仅具备扎实的学科素养，还能在开放式问题的探索中展现出较强的适应力和创造力。同时，他们会对与物理相关的前沿科学和技术领域产生更浓厚的兴趣和热情。毕竟，真正的理解不仅限于考试分数的提高，还体现在能否将所学知识灵活地迁移到更广泛的领域，或与其他学科知识进行交叉融合。唯有通过实验这一“实物—操作—数据—理论”循环往复的桥梁，才能将文本背后的深层逻辑逐步“拉入”学生的思维结构，让他们真正体会到物理概念是如何在现实中生发并在思维中升华的。

四、实验培养科学探究精神

培养科学探究精神是物理学科教学的核心目标之一，因为物理学不仅仅是知识的积累，更是一种不断探索自然规律、检验假设、发展模型与理论的思维方式。在初中物理教学中，实验不仅为学生提供了理解概念、验证理论的机会，而且潜移默化地引领他们走向更高阶的科学思维与实践活动。换言之，当提及“实验培养科学探究精神”时，关键在于让学生通过亲历实验设计与操作的全过程，逐步内化科学的工作范式与认知模式，从而在方法论和态度上与科学探究这一精髓达成统一。

回顾历史上的众多科学发现，我们可以观察到物理学的突破往往源于大胆假设与周密实验的相互作用。这种“在质疑与验证中不断前行”的研究思路正是初中阶段实验教学所要传递的精神内核。让学生在实验环节学会提出有意义的问题，就需要教师在引导过程中预留足够的思维空间，使学生敢于对课本中给出的概念或结论进行追问与挑战。因为只有当他们在内心真正生发出“为什么会这样”“能否有其他解释”的困惑时，才会产生探究的动力。这时，一个好的实验设计或改进方案会帮助他们将这种动力转化为实际行动，通过亲手测量与观察找出证据来支持或驳斥某个观点。这种从质疑到获取证据再到得出合理解释的过程，本身就是科学探究精神的内化与体现。

在操作实验的过程中，学生不仅要面对测量精准度、变量控制和实验流程设计等技术问题，也需要在团队合作或个体反思中培养严谨、细致和批判的态度。当他们发现实验数据与原先的假设结果并不吻合时，探究精神会驱使他们进一步思考是实验步骤存在瑕疵，还是之前的理论推测有误，或是受到某些不可控因素的干扰。这样的思维过程让他们认识到科学研究并不是一帆风顺，也不是简单地照搬资料就能成功，而是应该根据新出现的证据进行动态调整和反复试验。这在很大程度上可以纠正学生对于“科学结论既定不变”的刻板想法，并使他们养成实事求是、不断迭代的思维模式。教育研究表明，若想在初中阶段就初步培养此类科学素养，实验教学是最有效的途径之一，因为知识的注入型教学无法赋予学生直观而深刻的感受，而唯有亲历探究过程，才能让他们感悟科学探索背后的反复实践与逻辑推演之美。

实验教学不仅能够培养探究精神，还能加强合作与交流的维度。在众多实验任务中，学生们通常需要分工合作，完成各自环节的操作与记录。在获得初步数据后，他们就进入信息共享、共同讨论与争议调和阶段，这些过程模拟了真实科研团队的工作方式。学生们逐渐认识到，科学进步并非单打独斗的结果，而是需要集思广益、互相启发、共同验证。通过小组探究或合作研究模式，学生将逐渐理解科学结论并非某个权威个人的独断独行，而是依赖不同观点的碰撞与证据积累。这种模式在培养学生的包容性、团队精神以及多角度思考能力方面具有不可替代的作用。实际上，这些技能不仅对物理学习或科学研究有益，在学生的成长与社会化进程中也是一笔宝贵的思维财富。

与科学探究精神紧密相连的另一个要素是创新思维的萌发。实验教学为学生提供了一个“在规则之内打破常规”的平台。在熟悉基础操作和安全原则的前提下，学生们有时可以尝试对实验装置进行小幅改动，或者对测量方法进行新的设计。通过观察这些改变是否能带来更精确或更具启发性的结果，学生们可能会发现，一点看似微小的改动就能为某个概念的延伸或深层理解打开新的空间。这正是创新思维的雏形。虽然并非所有实验都能带来颠覆性的结论，但这种允许尝试与冒险的学习氛围，能够让学生体会到科学研究的开放与未完成的本质。学生不再将物理概念视为“只需记住、无需怀疑”的不变条例，而是将其视为有待探索、不断修正的理论模型。这种思维观念在他们日后的学习与人生道路上都具有相当重要的意义。

深入来看，实验教学在培养科学探究精神的同时，也深刻触及了科学伦理和社会责任感的培养。因为一旦学生掌握了实验设计与执行的技巧，他们必须同时认识到科学探究必须遵循客观原则，并对数据与结果保持诚信。他们不应因个人偏好而篡改数据，也不应为了追求所谓的“完美结论”而忽视异常数据或随意剔除样本。通过实验过程中的严格要求和教师的示范作用，学生能够初步构建对科学行为规范的理解，并认识到科学进步的每一步都离不开道德和责任的支撑。这种认识虽然尚处于萌芽阶段，但对于塑造他们未来在学术和社会问题上的价值判断具有深远的影响。正是在这些实验中，学生逐渐将探究精神与诚实原则、责任意识结合起来，在思维和行动上自觉地遵循这些准则，从而培养出实事求是的品格。

或许有人会质疑，在初中阶段讨论科学探究精神是否过于宏大。然而，研究者普遍认同，科学精神的培养应该从青少年时期开始，而实验教学恰好提供了与之高度契合的实践平台。尽管学生的实验技能和理论知识尚显稚嫩，但只要他们在每一个可行的实验环节中都能经历提问、假设、验证、分析和得出结论的完整过程，就能在心中构建起对科学研究流程的初步认识。这种早期体验将在他们进入更高年级或更高级别的学术训练时发挥“催化剂”的作用，帮助他们更快地适应科研环境，并运用更为系统的研究方法。此外，面对未来学习和社会生活中遇到的复杂且未知的挑战，具备科学探究精神的学生更有可能冷静地分析问题，积极寻找实证依据，并在团队合作中提出切实可行的解决方案。这正是现代社会对综合素质人才所寄予的厚望。

从教学实践的角度来看，教师可以引导学生发挥出更丰富的探究价值。例如，在教学进度和课程大纲允许的范围内，鼓励学生自主选择现实生活中的现象作为实验对象，并以此为基础制订探究方案。这一过程不仅让学生感受到科学与日常生活的紧密联系，还能进一步激发他们持久的学习动力和个人兴趣。在这一阶段，教师更应扮演“引导者”和“协作者”的角色，而不仅仅是单向传递知识或严格监管的角色。因为只有当学生拥有足够的自主权和问题选择权时，他们才能真正激发内在的好奇心和创造力，并在“实验—质疑—再实验”的循环中获得真正意义上的探究体验。这种教学方式不仅能让学生在初中阶段初步体验研究的乐趣，还能为他们的终身学习奠定注重证据、崇尚独立思考和团队合作的坚实基础。

因此，实验在初中物理概念教学中的作用，已经超越了仅仅让学生理解概念、记忆公式的传统框架。它逐渐点燃学生心中的科学火花，使他们在亲身的探究活动中体验科学发现之路的艰辛与魅力。在这个过程中，学生能够培养出理性、严谨、开放和协同的思维特质。当这种探究精神从课堂延伸到更广阔的生活和未来学习领域时，它将对个人成长和社会发展产生双重的积极影响。可以说，只有将培养科学探究精神作为教学的核心使命，并有效利用实验这一独特工具，初中物理教学的价值才能得到真正的实现和提升。同时，这也将为学生开启通往更广阔世界的大门，让他们在更高层次的学习与研究中继续激发潜能、拓展思维，并最终成为具备科学精神和人文关怀的新时代人才。

第二节　力学实验的设计与问题引导

一、力学实验的目标设定

力学实验的目标设定构成了实验教学设计的核心，因为明确的目标不仅指引了实验的方向和预期成果，而且是评价实验教学成效的关键指标。在物理教学领域，目标的设定应考虑学生的认知发展阶段、课程标准的要求以及实验内容的可操作性。实验目标的设定应与课程标准中规定的学科核心素养相一致，这涵盖了学生对物理知识的掌握、科学探究能力的提升以及科学态度和责任感的培养。在力学实验中，目标的设定应充分关注促进学生对基本概念和规律的理解，如牛顿运动定律、力的分解与合成、平衡状态与动态变化等关键内容，同时帮助学生在实践中掌握实验方法，包括数据测量、变量控制、结果分析等关键技能，逐步提高他们将理论应用于实践的能力。科学素养目标则要求实验设计能够让学生经历科学探究的过程，体验科学方法的逻辑性和系统性，并在此基础上形成对科学探究价值的深刻理解。这种多维度的目标设定不仅为实验提供了坚实的理论基础，也确保了实验教学活动的全面性和深度。

目标设定应兼顾学生的认知特点和学习需求。鉴于力学实验包含众多抽象的物理概念和严密的逻辑推理，可能给学生带来理解上的挑战，因此在设定目标时，必须充分考虑学生的认知水平和知识储备，以防止目标过高引发的学习挫败感，或目标过低而失去学习的挑战性。认知心理学的研究表明，适当难度的任务更能激发学生的学习动机和探究兴趣。因此，实验目标应分层次设定，以适应不同层次学生的学习需求。例如，对于那些对力学概念理解较弱的学生，实验目标可以着重于让他们直观地感知实验现象，建立初步的概念认知；而对于能力较强的学生，目标则可以扩展到分析现象背后的物理规律或设计创新性的实验方案。这种分层目标的设定，不仅满足了教学的普适性要求，还兼顾了个性化培养，促进了学生在其各自水平上的最大成长。

目标设定的科学性还体现在其操作性和可评估性上。一个成功的实验目标不仅应具有教育意义，还应具备明确的实践路径和量化的评价标准。力学实验目标的表述应具体且明确，避免模糊或泛泛的描述，确保教师和学生在实验操作中能够准确理解和执行实验目标。例如，目标表述中应包含具体的行为动词，如“测量”“比较”“计算”“验证”等，并明确指出实验所针对的物理量或规律。此外，目标的可评估性要求教师能够在实验结束后，通过学生的实验报告、数据分析和结论表述等成果，对目标达成情况进行准确的评价和反馈。这种闭环式的目标设定模式，有助于提升实验教学的质量和效果。

目标设定不仅是一个技术性的设计过程，它更深刻地反映了价值取向。在选择实验教学目标时，教师的期望和对学科核心价值的理解得以体现。在力学实验中，目标的设定不仅局限于物理学科的知识和技能，还可以扩展到跨学科能力和综合素养的培养。例如，通过设计力学实验目标，学生能够学会如何在实验中结合数学知识进行数据处理，如何运用工程设计的思维改进实验装置，以及如何在小组合作中进行有效分工与沟通。这些蕴含在实验目标中的价值观念，将对学生全面成长产生深远的影响。因此，教师在设定实验目标时，应以促进学生长期发展为宗旨，注重培养他们的创新意识、批判性思维和社会责任感，使实验教学的意义超越学科知识本身，成为学生综合素养培养的关键途径。

实验目标的设定还应与具体的教学情境相结合。不同情境下的实验目标可能表现出显著的差异。例如，在引入新概念的教学情境中，实验目标通常更侧重于现象观察和初步探究；而在复习巩固的教学情境中，目标则可能更注重验证理论和强化应用。此外，在课内教学与课外实践中，实验目标的设定也应展现出情境的适应性和灵活性。例如，课内实验通常需要考虑时间限制和课程内容的系统性，而课外实验则可以更加注重学生的自主性和探究性，通过设定开放性的目标，鼓励学生在更广阔的领域中发现物理规律和技术应用的实际意义。

实验目标的设定旨在将抽象的物理知识转化为学生能够直观感知和实际操作的具体任务。通过完成这些任务，学生能够深入理解相关概念和规律。在力学实验教学中，目标的制定不仅要基于科学性和系统性，还应考虑学生的个性化需求和现实社会背景。通过综合设定多维度的目标，我们旨在为学生提供一个全面且深入的学习体验。在这一过程中，教师不仅承担着设计目标的角色，还需在教学实践中不断反思和优化目标设定的策略与方法，确保实验教学活动能够有效地促进学生的学业进步和成长。

二、实验器材的选择与准备

在力学实验教学中，精心挑选和准备实验器材至关重要。这些器材不仅是展示物理规律的媒介，更是学生进行实验操作和数据采集的关键工具。器材的合理性、精确度以及操作的便捷性，直接关系到实验结果的准确性以及学生的学习体验和探究效果。因此，从教学设计的角度来看，器材的选择和准备必须兼顾科学性、实用性和与教学目标的匹配性，同时还要考虑到教学资源的限制和学生的安全。

在力学实验教学中，器材的选择应与实验目标紧密对应。不同实验所涉及的物理规律和测量要求对器材性能具有不同标准。例如，在探究牛顿运动定律的实验中，器材需精确记录力、质量与加速度之间的关系，因此，高精度电子测力计、低摩擦滑轨和可调节砝码成为常用选择。而在研究重力加速度的实验中，测量时间和距离的精度至关重要，故需选用反应灵敏的电子计时器和误差较小的量尺。器材选择不仅要基于功能需求，还需结合实验设计的具体要求。例如，在动态实验中，器材的反应速度和抗干扰能力是影响结果的关键；而在静态实验中，稳定性与测量分辨率则更为重要。教师在选择器材时，应深入分析实验的核心环节和关键变量，确保所选器材能准确反映物理规律，并支持学生的探究过程。

器材的选择还应考虑学生的操作能力和实验环境的特点。鉴于初中学生的实验技能和器材使用经验通常有限，器材的操作难度和安全性成为重要考量因素。在力学实验中，复杂的电子设备或需高精度校准的专业仪器可能增加学生的操作负担，导致学生注意力高度集中于器材使用上，而忽视了实验现象和数据的分析。因此，在选择器材时，教师应优先考虑设计简洁、易于操作且故障率低的设备，如结构直观的机械式测量工具或具备自动校准功能的现代仪器。此外，对于实验中可能涉及的危险因素，如高负荷弹簧或高速运动物体，教师需预先评估风险，并选择具备安全防护设计的器材，同时为学生提供必要的安全培训和指导，确保实验过程的安全。

从教学资源管理的角度审视，实验器材的选择必须综合考量成本与资源的可获取性。鉴于学校实验室的预算和设备存量通常有限，教师在设计实验时，应在确保实验效果的基础上，尽量避免选用昂贵或稀缺的器材，以提升实验教学的普及率并保证可持续发展。例如，在探究力与运动的关系时，教师可选用成本较低且易于维护的木质滑轨，替代高精度的空气滑轨。同时，通过精心设计实验，尽可能减少对高端器材的依赖。此外，教师也可尝试使用日常物品作为实验器材，如利用简易材料自制装置，以降低实验成本并增加学生的实践机会。这种做法不仅提升了实验的可操作性，还让学生体验到物理知识在日常生活中的应用，从而增强他们对实验的兴趣和参与度。

实验器材的准备过程需充分考虑实验操作流程及细节要求，因为器材的性能和状态将直接影响实验结果的可靠性和重复性。教师在实验前应对器材进行彻底检查和调试，包括验证测量工具的校准精度、检查设备电池状态及功能是否正常、确保器材连接部件稳固且易于操作等。对于需要组装或调节的器材，如可变角度斜面装置或多功能力学实验仪器，教师应提前进行测试并记录各项参数的标准值，以减少实验中因器材不稳定或调节不当造成的误差和延误。实验器材的准备工作不仅包括硬件，还应涵盖实验操作的辅助工具，如实验指导书、记录表格、数据分析软件等。这些辅助材料有助于学生更高效地完成实验任务，并为教师的实验指导和结果评估提供便利。

在管理与维护实验器材方面，教师应建立一套规范化的管理机制，以延长器材的使用寿命并确保其性能稳定。例如，对于频繁使用的电子设备，教师应定期执行功能测试和电池更换，并对设备的传感器及接触部件进行清洁和保养。对于结构复杂的机械装置，实验结束后应立即清理残留物，并妥善存放，以防止操作失误或不当存放导致的损坏。此外，教师可以建立器材使用记录和维护日志，以追踪每次实验中器材的使用状况和潜在问题，为未来的实验设计和器材更新提供参考。

实验器材的选择与准备不仅是一项技术性操作，也是实验教学设计中至关重要的环节。器材的质量和适配性直接影响实验目标的实现和教学效果的优化。通过恰当的器材选择和充分的准备，教师能够为学生创造一个高效、安全且富有探究性的实验环境，从而最大化地发挥实验教学在力学概念构建中的作用。在未来的实验教学研究中，器材的创新与改进将持续成为关注焦点。随着教育技术的进步和教学需求的变化，实验器材的功能与形式将面临更高标准的挑战。教师需要不断探索如何在实际教学条件下优化器材的选择与应用，以更好地服务于学生的学习和成长目标，并推动物理实验教学朝着更加精确、高效和个性化的方向发展。

三、实验步骤的设计与优化

在力学实验教学中，实验步骤的设计与优化扮演着至关重要的角色。这是因为实验步骤直接决定了学生能否高效且安全地达成实验目标，并在此过程中深刻理解物理概念。一个经过精心设计并优化的实验步骤，能够最大程度地减少操作过程中的干扰因素，提升学生的探究能力，并引导他们在数据分析和现象观察中进行深入思考，从而显著提高实验教学的整体效果。

实验步骤的设计必须紧密围绕实验目标，兼顾科学性和可操作性。科学性要求实验步骤能够准确体现物理规律的核心原理，并避免因设计失误或逻辑矛盾而导致错误结论。在力学实验中，这意味着步骤的安排应明确体现变量控制、实验条件设置和数据记录的方法，以确保实验结果的可靠性。例如，在验证力与加速度关系的实验中，步骤设计应突出如何保持质量恒定、如何逐步增加力的大小以及如何通过动态测量工具精确记录加速度的变化，这些细节的明确体现有助于学生在操作中理解实验设计背后的理论逻辑。可操作性则要求实验步骤的表述清晰且易于执行，避免过于复杂或模糊的描述给学生带来不必要的困惑。教师需要通过逐步分解实验过程，将复杂的操作任务转化为学生可以理解和执行的小步骤，从而降低实验难度并提高操作效率。

实验步骤的设计还需考虑学生的认知特点和学习阶段。因为初中学生对物理规律的理解往往停留在感性认识和初步抽象的层面，实验步骤应注重循序渐进地引导他们深入探索。例如，在研究力的分解与合成时，实验步骤可以先安排直观的现象观察，如让学生通过简单的弹簧秤测量多个力的合力大小，再逐步引入力的分解技巧及向量分析方法。通过这样的层层递进设计，学生不仅能在实践中感受到物理规律的直观性，还能逐步掌握其背后的数学逻辑。实验步骤还需兼顾学生的个体差异，因为不同学生的实验操作能力和理解水平各不相同。对于操作能力较弱的学生，教师可以提供详细的分布操作流程图和说明，而对于能力较强的学生，则可以设计一些开放性步骤，鼓励他们探索实验方法的改进或现象背后更深层的规律。

实验步骤的优化是提升教学质量的关键策略，其核心在于持续减少不必要的干扰因素，并提高学生在操作过程中的思维参与度。实验干扰因素可能源自器材的不稳定性、环境条件的变化或步骤设计的冗余性。优化实验步骤的第一步是通过反复试验来发现并消除这些潜在问题。例如，在摩擦力测量实验中，教师可以选用摩擦系数稳定的材料和光滑的接触面以减少实验误差，并调整步骤表述以简化不必要的操作。此外，实验步骤的优化还应关注学生的学习过程，因为优化的目的不仅是为了提高实验结果的精确性，更是为了增强学生在实验中的自主性和探究性。教师可以引入选择性步骤，例如允许学生自行设计某些变量的调整方式或探索新的数据处理方法，以激发他们的创新思维并促进深度学习。

实验步骤的优化同样需要借助现代教学技术和数据分析工具。随着教育技术的不断进步，数字化和智能化工具为实验步骤的改进提供了新的可能性。例如，教师可以利用动态演示软件或虚拟实验平台，将复杂的实验过程可视化并提前展示给学生，使他们在操作前对步骤的逻辑和目标有清晰的理解。同时，现代传感器和数据记录设备的应用也能大幅简化某些烦琐的测量和记录环节，让学生将更多精力集中于现象观察和规律总结。这些技术的融入不仅优化了实验步骤，还提升了学生对实验过程的参与感和兴趣。

实验步骤的设计与优化应当重视学生在实验后的反思与总结环节，因为实验教学的终极目标是帮助学生构建对物理规律的深刻理解，并将这种理解应用于更广泛的学习与生活情境中。实验步骤的设计应涵盖对实验数据的整理与分析、对实验现象的讨论与解释以及对实验方法的反思与改进。这些环节不仅回顾与总结了实验过程，而且培养了学生的科学思维与批判能力。在实验总结环节，教师可以通过提出引导性问题，如“实验中哪一步最容易出现误差?”或“是否存在更优的实验设计方案?”来鼓励学生反思实验步骤的合理性，并提出改进建议，从而在思维层面进一步加深他们对物理规律的理解。

从教学实践的角度来看，实验步骤的设计与优化是一个动态的、持续改进的过程。学生的学习需求和教育技术的发展不断为实验教学带来新的挑战与要求。教师需要通过定期的教学反思与实践反馈，不断调整实验步骤的设计策略，以确保其始终适应学生的学习特点并充分发挥实验教学的教育价值。此外，实验步骤的优化还需要借助教学研究与合作交流的支持。教师可以通过参与教学研究项目或与其他教育工作者分享经验，吸取多样化的实验设计思路并结合自身的教学情境进行改进。这种开放与合作的态度，不仅能够推动实验教学的创新，也能够提升教师自身的专业素养与教学水平。

综上所述，实验步骤的设计与优化是力学实验教学中的重要环节，其科学性、适应性与创新性直接决定了实验教学的质量与效果。通过精心的步骤设计与持续的优化改进，教师能够为学生提供一个高效、安全且富有探究价值的实验环境，从而最大限度地发挥实验教学在物理概念建构与科学素养培养中的作用。在未来的实验教学实践中，实验步骤的设计与优化将继续作为一个重要的研究领域，为物理教育改革与创新提供理论支持与实践指导，推动实验教学在学生核心素养培养中的地位与作用进一步提升。

四、实验中的问题引导与思考

问题设计作为学生思维活动的关键驱动力，是他们从实验中提炼物理规律、构建概念体系的关键途径。通过精心设计的问题引导和有针对性的思考训练，教师能够激发学生在实验中积极参与探究，提高他们的科学素养和物理学习能力，进而达成实验教学的深层目标。

在实验中进行问题引导时，必须遵循逻辑性和层次性的原则，以确保学生在思维过程中能够沿着既定路径逐步深入核心问题。逻辑性要求问题设计围绕实验目标展开，从而揭示实验现象与物理规律之间的内在联系。例如，在验证牛顿第二定律的实验中，教师可以设计一系列递进的问题，如“如何通过实验数据分析力与加速度的关系?”“在质量固定的情况下，力的变化如何影响加速度?”和“实验误差可能源自哪些环节?”。这些问题不仅引导学生观察和分析实验数据，还帮助他们将数据背后的物理规律抽象化，从而在思维层面上实现对实验目标的深刻理解。层次性要求问题设计应符合学生的认知发展规律，避免因问题过于复杂而阻碍思维，或因过于简单而无法激发思维兴趣。教师可以先通过基础性问题帮助学生厘清实验逻辑，再通过难度递增的开放性问题引导他们探索实验现象的多重含义，从而实现思维的深度迁移。

在实验教学中，问题的引导应当兼顾启发性和互动性，旨在点燃学生探索的热情并增进师生间的有效沟通。设计启发性问题时，应着眼于激发学生的好奇心，并促使他们自发地进行思考，而不是直接给出结论或答案。例如，在探讨力的分解实验时，教师可以提出这样的问题：“改变分解力的角度，合力会产生怎样的变化?”这样的问题不仅能够引导学生在实验操作中探究变量的影响，还能促使他们思考实验现象背后的数学和物理原理。至于互动性问题的设计，则应鼓励学生在实验过程中与教师和同伴进行深入的讨论和交流。通过讨论，教师可引导学生从不同的视角中获得新的启示，并通过阐述自己的见解来加深对实验现象的理解。教师可以通过提出引导性问题来激发讨论，比如：“不同小组的实验结果是否一致? 如果不一致，可能的原因是什么?”这类问题有助于学生意识到实验中的误差和不确定性，并在交流中找到解决问题的途径。

在实验过程中，问题引导的有效性还依赖于教师的引导策略与问题反馈机制，因为学生在实验中可能会遇到多种类型的困惑或挑战，这需要教师通过实时的引导与反馈帮助他们克服思维障碍。教师在引导学生思考时，应避免直接给出答案，而是通过提示性问题引导他们自主探索。例如，当学生在实验数据处理时遇到偏差，教师可以通过提出“是否检查过仪器的校准?”或“是否考虑了外界环境的影响?”等问题，帮助他们识别问题的根源并尝试解决方案。此外，问题反馈机制的建立能够帮助教师及时了解学生的思维进展并根据需要调整引导策略，如通过观察学生的实验笔记或倾听学生的讨论，教师可以判断哪些问题需要进一步澄清或强化，从而确保学生在思维深度上能够达到预期的学习目标。

实验中的问题引导还应该充分结合实验总结与反思环节，以帮助学生在实验后进一步深化思维并巩固学习成果。通过在总结阶段设置反思性问题，教师能够引导学生从更高的视角审视实验过程与结果，例如，“实验中的变量控制是否完全合理?”“实验结论是否具有普遍适用性?”和“如果重新设计实验，应该如何改进?”这些问题能够促使学生对实验步骤、数据分析和结论表达进行全面回顾，并从中发现自己的思维优势与不足。反思性问题的设计不仅能够增强学生对物理规律的理解，还能够培养他们的批判性思维与科学探究能力，这对于学生未来的学习与发展具有重要意义。

在现代实验教学中，通过问题引导的策略，结合教育技术和数据分析工具，可以显著提高教学的有效性和针对性。例如，利用互动式教学软件，教师能够在实验过程中实时向学生提供个性化的提示，并根据学生的反馈灵活调整问题的难度和方向。此外，基于数据分析的智能反馈系统能够帮助教师迅速识别学生在实验中可能遇到的思维偏差，并通过针对性的问题引导协助他们纠正这些偏差，实现个性化教学的目标。

综上所述，实验中的问题引导和思考是力学实验教学中促进学生深度学习和科学素养培养的关键途径。通过精心设计和有效实施，教师能够激发学生在实验过程中的思维兴趣，增强他们的探究能力，并逐步构建起对物理规律的系统性理解。在未来的实验教学研究中，问题引导和思考将继续作为一个核心关注点，为物理教育的改革与创新提供理论基础和实践指导，进一步提升实验教学在培养学生核心素养方面的重要作用。

第三节　电学实验中的模型构建与现象分析

一、电学实验模型的建立方法

物理模型是物理学研究与教学的关键工具，它不仅能够抽象化和简化复杂的电学现象，而且为学生理解电学规律、预测实验结果以及解决实际问题提供了科学的框架。构建电学实验模型必须基于物理学的基本概念和定律，通过数学建模和逻辑推导，形成对实际电路或电学现象的抽象描述。这种抽象化过程将复杂的实验现象归纳为有限的变量关系。例如，在研究欧姆定律的实验中，电路模型可以简化为一个由电源、导线和负载构成的闭合回路。通过将电压、电流和电阻的关系用公式表达，学生可以直观地理解这些物理量之间的定量关系。电学实验模型的建立不仅要准确反映实验现象，还应指导实验设计与优化。例如，通过比较理想电源模型与实际电源模型，学生可以理解内阻对电路性能的影响，并通过调整实验条件来验证这一理论推测。这种模型的双重功能使其在实验教学中具有重要的理论和实践价值。

在进行具体实验操作时，电学实验模型的构建还应兼顾简化性和可操作性。过于复杂或抽象的模型可能会增加学生的认知负担，使得实验难以执行。简化性要求模型在尽量减少不必要细节的同时，保留对实验目标至关重要的变量和关系。例如，在研究串联和并联电路的实验中，模型只需关注电压、电流和电阻的分布特点，而无需涉及电路中各元件的具体结构或材料特性。可操作性要求模型的物理构造能够通过基础实验器材实现，以便学生能够在操作中直观地感知模型的内涵。例如，利用标准化的电阻、电表和连接线建立典型的电路模型，这种操作性设计能够降低实验的技术门槛，并让学生专注于实验现象的观察与分析。

为了进一步提升电学实验模型的教学价值，模型的建立方法还应结合多种表现形式，以满足不同实验情境和学习需求的要求，例如，在某些基础实验中，模型可以通过简洁的电路图表示，以便学生快速理解电路的基本构成与连接关系，而在需要深度分析的实验中，模型可以通过数学表达式、图像或动态仿真进行补充，以呈现更多维度的信息。例如，在研究非线性电路元件（如二极管）的实验中，电学模型不仅需要描述电路的连接关系，还需要通过数学函数反映电压与电流的非线性关系，这种多样化的模型形式能够帮助学生从不同角度理解实验内容，并逐步形成对电学规律的系统性认识。

电学实验模型的建立方法还需要注重与实验现象的交互验证，因为模型的核心价值在于能够解释现象和预测结果。在实验过程中，学生可以通过实验数据的测量与模型的理论预测进行对比，验证模型的正确性并探索其适用范围。例如，当学生在研究电源内阻对电路性能的影响时，可以通过模型计算得到预期的电压降，并与实验中实际测得的电压值进行比较，这种验证过程不仅能够加深学生对模型的理解，还能够培养他们科学探究中的批判性思维与实证能力。通过在验证中逐步完善模型，学生能够认识到模型既是一种工具，也是一种需要不断改进的研究方法，从而在思想上形成更为科学的认识框架。

在教学实践中，电学实验模型的建立还应与学生的认知发展水平相匹配，因为不同阶段的学生在抽象思维能力和问题解决能力上存在显著差异。对于刚接触电学概念的学生，教师可以通过简单直观的模型引导他们理解基本原理，例如将电路比作水管系统以形象化电流与电压的概念对于具有一定物理基础的学生，则可以通过更复杂的模型拓展他们的思维深度，例如引入动态元件模型或含多变量的非线性系统以探讨更复杂的电学现象。

模型的建立方法还应注重培养学生的自主探究能力，因为物理模型的构建过程本身就是一种重要的科学思维训练。教师在实验设计中可以有意设置一些开放性环节，如要求学生根据实验目标和条件自行设计模型，并在实验后对模型的合理性和局限性进行反思。这种自主建模的过程不仅能够提高学生的动手能力和创新意识，还能够让他们从实践中深刻体会模型在物理学研究中的核心作用。此外，教师还可以通过引导学生比较不同模型的优劣，让他们认识到模型并非唯一正确的答案，而是一种基于特定目标和假设的简化工具。这种多视角的建模体验能够培养学生的批判性思维和科学辩证观。

二、电路搭建与现象观察要点

电路构建的首要任务是确保电路的逻辑结构能够精确地反映实验目标，因为电路的构建方式直接影响学生是否能够观察到预期现象，并通过数据检验理论假设。在研究串联电路与并联电路特性的实验中，电路的搭建必须严格遵循电路图的指示，并确保所有元件的连接关系符合理论要求，以确保实验现象的精确性和一致性。例如，串联电路必须保证所有元件共享同一电流路径，而并联电路则需确保各支路之间的电压分布合理，这些细节不仅关系到实验是否能够顺利进行，也深刻影响学生对电路基本规律的理解。

为了提升电路搭建的效率和可靠性，实验教学中必须重视电路元件的选择和布局。元件的性能和位置安排会显著影响实验操作的便捷性和数据测量的精确度。在挑选电阻、电容、电表等元件时，教师应综合考量其额定参数、精度等级以及操作的便捷性，以确保元件满足实验需求并在使用过程中保持稳定。例如，选用精度较高的数字电压表可以降低测量误差，而采用可调电阻器则便于学生动态调整电路参数，这些措施在实际操作中能显著增强实验的可控性和效果。此外，电路元件的布局应遵循实验操作的流程化原则，例如将开关置于易于操作的位置，将测量仪表与关键元件靠近布置，以减少不必要的连接对实验结果的干扰，并提高学生的操作效率。

在电路搭建的过程中，特别需要注意连接的质量和安全性。电路中的接触不良或短路不仅可能导致实验失败，还可能对学生和设备造成安全风险。为了确保连接的可靠性，教师应指导学生正确使用导线和接线端子，并检查各接触点的紧密程度和接触电阻是否满足实验要求。在涉及高电压或大电流的实验中，还应为关键节点添加绝缘保护措施，以防止漏电或触电事故的发生。此外，通过定期维护实验设备和元件，教师可以进一步降低因器材老化或损坏导致的实验故障风险。这种预防性管理不仅能够提高实验的成功率，也能够为学生营造一个安全的学习环境。

现象观察是电路搭建完成后的重要环节，其核心任务是通过定量和定性的观察记录电学现象，并将这些数据与理论模型进行对比和分析。现象观察的有效性依赖于观察方法的科学性和观察工具的精确性。例如，在研究电阻定律的实验中，学生需要通过电表记录不同电阻值下的电流和电压变化，并通过绘制电流一电压曲线验证欧姆定律的线性关系。这种精确的现象记录不仅为实验结论提供了充分的数据支持，也帮助学生理解了实验数据与物理规律之间的内在联系。此外，现象观察的科学性还体现在观察条件的严格控制上，如确保实验中环境温度、电源稳定性等外界因素保持恒定，从而避免非实验变量对观察结果的干扰。

在现象观察的过程中，学生观察能力和思维能力的培养至关重要。实验操作不仅是数据收集的过程，更是对物理现象进行深入感知和逻辑推理的综合体验。教师在引导学生进行现象观察时，应通过提出具有启发性的问题，帮助他们聚焦实验的关键点。例如，询问“电流表读数的变化是否符合预期?”或“如何解释灯泡亮度随电压变化的规律?”这类问题能够激发学生在观察现象的同时进行思考，并逐步培养他们将实验现象与理论知识相结合的科学思维。通过系统的观察训练，学生不仅能够提高对物理规律的敏感性，还能掌握将复杂现象分解为基本规律的分析技巧。这些能力对于他们未来的学习和研究具有非常重要的意义。

电路搭建与现象观察的教学价值还体现在为学生提供一个直观体验电学概念的平台。通过亲自动手操作和分析实验现象，学生能够在实验中直接感受电学规律的真实性和可验证性。这种实践体验不仅能够缓解理论学习的抽象性，还能通过与实验现象的互动加深学生对电学知识的记忆和理解。例如，通过观察串联电路中各元件的电流是否一致，学生能够更直观地理解电流连续性的物理意义。这种从感性认识到理性分析的转变，正是实验教学的核心价值所在。

从教学设计的角度来看，电路搭建与现象观察的有效实施需要教师的精心指导与学生的积极参与。教师在实验前可以通过演示与讲解帮助学生理解电路搭建的逻辑与规范，并在实验过程中通过巡视与答疑及时发现并解决学生在操作中的问题。此外，教师还可以通过设置开放性任务，例如要求学生设计不同电路结构并比较其性能差异，鼓励学生在实验中探索更多可能性并培养他们的创新意识。通过这种互动性强、实践性高的教学方式，电路搭建与现象观察不仅成为物理知识的实践载体，也成为学生科学素养与探究能力培养的重要环节。

三、实验数据的分析与处理

实验数据反映了物理现象的量化特征，通过科学的分析与处理，学生能够提取关键信息、验证理论模型，并对物理规律形成深刻的理解。这一过程不仅展示了实验教学成果，而且在数据处理中锻炼了学生的逻辑思维、分析能力和科学素养。实验数据分析的首要步骤是对原始数据进行筛选和整理，因为实验过程中不可避免地会受到随机误差、仪器误差和操作误差的影响，导致部分数据可能存在偏差或异常。教师应引导学生学会识别和处理这些异常数据，以确保分析结果的可靠性。例如，学生可以通过计算多次测量的平均值来减少随机误差的影响，也可以通过绘制数据曲线或与理论模型对比来识别偏离规律的异常点。这种数据筛选的过程不仅能够提升实验结果的准确性，还能够培养学生的数据敏感性和判断力，使他们认识到实验结果并非总是完美的，科学结论后建立在对数据真实性和可靠性全面评估的基础上。

基于数据筛选，实验数据的处理还必须借助数学工具和统计方法，以揭示物理规律中的核心联系。选择数据处理方法时，应根据实验目标的不同而采用适当的分析技术。例如，在探究电流与电压关系的实验中，学生可运用线性回归来确定电阻值；而在研究非线性电路元件（如二极管）特性时，则需通过曲线拟合来分析其电流和电压特性。这种数学化的处理方式能够清晰地展示实验现象背后的规律，帮助学生更直观地理解物理模型的精确度和适用范围。此外，通过引入误差分析和不确定度评估，学生能够进一步体会到数据处理的科学严谨性，学会如何在误差允许的范围内解释实验结果，并提出相应的改进建议。

在处理实验数据时，重视数据可视化的设计至关重要。图形化表达不仅提升了数据的直观性和说服力，而且有助于学生在视觉上捕捉到物理规律的特征。数据可视化的核心在于选择恰当的图表类型和坐标系，以便突出数据的关键趋势和关联性。例如，在探讨欧姆定律的实验中，电流与电压的关系可以通过直线图清晰展现；而在研究电容充放电的实验中，时间与电压关系的指数曲线则能更有效地揭示系统的动态特性。图形化表达让学生能够直观地感受到物理量之间的关系，并通过分析图线的斜率、截距或曲线形态来进一步验证实验模型的准确性。此外，数据可视化的过程还能锻炼学生的表达能力，教会他们如何利用数据和图表有效地传达科学结论。

在实验教学中，数据分析的有效性还取决于学生对理论背景和实验目标的理解。只有在明确数据与物理概念之间关系的基础上，数据处理才能真正实现对规律的探究与验证。例如，学生需要通过分析电压和电流的线性关系来验证欧姆定律，通过观察电路功率的变化规律来理解电能转换效率。这些分析活动本质上是数据与理论之间的互动过程，要求学生能够将实验数据与相关物理规律建立逻辑联系。为了加强这种联系，教师可以在实验前为学生提供必要的理论指导，并在实验后通过讨论环节引导他们对数据的物理意义进行深入解读。这种基于理论指导的数据分析方法能显著提升学生的学习效果和探究能力。

实验数据处理的教学价值还在于它对学生科学素养和综合能力的全面培养。数据处理不仅是一项技术技能，也是科学研究中不可或缺的思维过程。通过在实验中进行数据的采集、整理、分析和表达，学生能够体验到科学探究的全过程，并逐步掌握如何通过量化方法验证理论、发现规律以及解决问题。例如，在数据处理中探索不同变量的关联性，学生能够培养逻辑推理能力；通过对误差来源的分析并提出改进建议，学生能够培养批判性思维和创新意识；通过将实验结果整合成完整的报告，学生能够提升科学表达与沟通能力。这些能力的培养不仅有助于学生在物理学习中的表现，也为他们未来的学习与职业发展打下坚实的基础。

随着现代教学技术的不断进步，实验数据处理的手段变得更加多样化。例如，利用数据采集系统和分析软件，学生能够更高效地进行数据记录和处理，并通过实时图形化展示来加深对物理规律的理解。这些技术工具不仅简化了实验中复杂的计算步骤，提升了数据处理的效率和精确度，还通过可视化分析扩展了学生的认知视野。例如，动态展示实验数据随时间变化的趋势，有助于学生深入理解动态电路系统中的因果关系；而对不同实验条件下数据的对比分析，则能揭示影响规律的关键因素。这些基于现代技术的数据处理方法为实验教学的改进开辟了新路径，同时也为学生在信息化时代的科学素养培养提供了有力支持。

四、基于现象的电学概念总结

电学概念的总结是电学实验教学的核心环节，它将实验观察到的现象与电学理论知识紧密结合。通过提炼物理规律和核心概念，学生不仅能够加深对实验现象的理解，还能将具体实验情境转化为抽象的科学认知体系。这种从实验现象到电学概念的总结，不仅是实验教学成果的展现，也是学生物理思维和科学素养成长的关键。实验现象往往包含丰富的表面信息和背景干扰，学生必须通过仔细观察和深入分析，将现象的本质特征与物理规律相联系。例如，在探究串联和并联电路特性的实验中，学生需分析电压、电流和电阻的分布，从而总结出串联电路中电流恒定、电压按比例分配的规律，以及并联电路中电压恒定、电流按比例分流的规律。这一从现象到规律的提炼过程，不仅加深了学生对物理概念的理解，还培养了他们发现和提炼物理规律的科学思维能力。

在概念总结的过程中，教师的引导作用不可或缺。鉴于初中生在抽象思维和逻辑推理方面可能存在局限，教师应通过提出启发性问题，引导学生关注实验现象的关键点，并在讨论中帮助他们提炼核心概念。例如，教师可以提出问题："为什么串联电路中电流保持不变而电压会分配?"或"并联电路中各支路电流的大小与哪些因素相关?"这些问题在一定程度上促使学生基于实验数据和现象进行深入思考，并逐步构建对电学规律的系统性理解。通过这种方式，学生不仅能够更清晰地把握电学概念的实质，还能学会如何通过现象分析和逻辑推理来构建自己的物理认知体系。

在总结电学概念时，必须重视实验现象与理论模型的融合。物理概念的形成并非仅依赖于实验现象的直观展示，而是通过与理论模型的互动得以完善和深化。例如，在探究电阻定律的实验中，学生不仅要观察电流与电压的关系，还要结合理论模型来理解电阻的定义及其特性，从而在现象与模型之间建立坚实的逻辑联系。这种结合有助于学生理解物理规律的普遍性以及理论模型的抽象性，并通过多角度的理解加深对物理概念的掌握。教师还可以引入更多背景知识或相关模型，如电路中的能量转换或功率分配，以进一步扩展学生对电学概念的理解范围和深度。

在基于现象的概念总结中，还应强调语言的科学性和表达的逻辑性。物理概念的核心在于其对自然规律的精确描述，不精确或含糊的总结可能导致学生对概念的误解或认知偏差。因此，教师在指导学生进行概念总结时，应帮助他们使用精确的科学语言来表达实验结论，例如，通过规范的术语、清晰的逻辑关系和统一的物理量单位，确保学生在概念总结中能够明确地展示实验现象与物理规律之间的联系。此外，通过对学生总结报告的评价和反馈，教师可以发现并纠正学生在概念理解或表达上的问题，从而进一步提升学生的学习效果。

电学概念的总结应当与反思性学习相结合，因为实验教学的目的不仅在于让学生掌握具体的物理概念，更在于通过实验过程培养他们的科学思维与探究能力。教师可以设置反思性问题，如通过"实验中哪些现象超出了你的预期?"和"你认为哪些概念可以从实验现象中直接得到验证，哪些需要结合理论模型进一步分析?"来引导学生对实验过程与总结结果进行深度审视，并在反思中进一步提升他们的概念理解与问题解决能力。通过这种方式，学生不仅能够从现象中学到知识，还能够在思维与能力上实现全面的成长。

现代教育技术的发展为电学概念总结提供了更多可能性。例如，通过使用互动式教学软件或虚拟实验平台，教师可以帮助学生在实验结束后动态复现实验现象，并通过数字化工具实时生成与调整概念总结的内容。此外，基于人工智能的学习分析系统能够帮助教师快速评估学生的总结报告，并提供个性化指导与建议，从而在实验教学中实现更高水平的差异化指导。这些现代技术的应用不仅能够提升概念总结的效率与质量，还能够为学生提供更加直观和个性化的学习支持。

第四节　光学与热学实验的教学策略与误差分析

一、光学实验的教学策略与技巧

在物理实验教学中，光学实验的教学策略与技巧扮演着至关重要的角色。光学实验因其高度的直观性和广泛的应用性，为学生提供了丰富的感性体验，帮助他们理解自然规律。通过科学的教学策略和有效的实验技巧，教师能够引导学生在实验过程中观察和分析光学现象，并通过探索光学规律来构建更为系统的物理认知框架，从而实现物理教学的深度目标。光学实验的教学策略应重视实验现象的可视化和数据的可量化。鉴于光学现象通常具有连续性和动态性，学生在实验中可能会被复杂现象所干扰，难以准确捕捉关键要点。为了提高光学现象的清晰度，教师应通过合理的实验设计和光学器材的选择，将实验现象以简单、显著的形式呈现给学生。例如，在探究折射定律的实验中，实验设计应确保入射光线、折射光线与法线的交点清晰可见，并利用精确的测量工具记录角度变化，以实现现象观察与数据采集的同步性。通过这种将现象与数据结合的设计策略，学生不仅能够通过直观观察理解光学现象的规律，还能够通过量化分析增强对实验结果的科学认知。

教学策略应当围绕实验目标，设计分步指导和多维互动，因为光学实验往往涉及多层次的原理分析和现象比较。学生在实验中需要经历从直观感知到深度思考的认知转化过程。教师可以通过分解实验步骤，将复杂的实验任务拆解为学生能够逐步完成的子任务，例如将一个完整的光学实验分为光路搭建、数据测量与规律总结三个阶段，每个阶段都提供明确的指导和问题提示，确保学生在操作过程中始终专注于核心目标。此外，通过在实验中加入多维互动环节，如学生小组间的光路设计比较或数据讨论，教师能有效激发学生的参与热情和思维活力，同时通过集体智慧深化实验现象的分析与解读。

光学实验的教学技巧还应针对实验器材的特性和光学现象的特点进行优化。光学实验的成功与否在很大程度上取决于实验器材的精度和实验操作的准确性。教师在教学中需要指导学生正确使用光学仪器，如光源、透镜、棱镜、分光镜等，并在实验前对这些仪器进行全面调试和校准，以确保其性能稳定并符合实验要求。对于实验过程中常见的问题，如光路偏移、镜片反射干扰或光源强度不足，教师需要通过实践经验总结出有效的解决方案，并在实验指导中传授给学生。这种基于实验实际需求的技巧培训，不仅能够提高实验的成功率，还能让学生掌握光学实验中常见问题的处理方法，进一步增强他们的实验操作能力和问题解决能力。

光学实验的教学策略与技巧还需要结合学生的认知特点和学习目标，以满足不同学习阶段的需求。在初学光学知识的阶段，学生对光学现象的感性认识较强，但对其背后的物理规律缺乏深入理解。此时教师需要通过简单直观的实验设计，如利用平面镜成像规律或光的反射现象引导学生观察现象与理论的对应关系。当进入深入学习光学原理的阶段，学生需要通过更复杂的实验，如光的干涉与衍射现象的探究，加深对波动光学理论的理解。在这种分层次教学中，教师不仅能够满足学生的学习需求，还能够通过不断提升实验的复杂性与深度，逐步引导学生进入物理思维的更高层次。

在教学实践中，光学实验的教学策略与技巧还可以通过现代教育技术进行优化，以提升实验的效率与效果。例如，通过使用激光器和高精度光学仪器，学生可以更加直观地观察到光学现象的关键细节。而通过数字化数据采集系统，学生能够实时记录和分析实验数据，从而提高数据处理的效率与准确性。此外，虚拟实验平台和动态演示软件的应用，可以让学生在实验前预览光学现象的过程，并通过交互式操作模拟不同实验条件下的现象变化。这不仅能够为实验操作提供直观指导，还能够让学生在实验前形成初步的规律推测，从而增强实验的预期效果与目标意识。

在光学实验的教学策略与技巧中，重视实验后的总结与反思环节至关重要。实验后的总结不仅是对知识的巩固，更是学生从实践中提炼理论并反思学习方法的关键。教师可以设计开放性问题，如“实验中哪些现象与你的预期一致？哪些与你的理论推测不符？”或“如果实验条件发生变化，你认为结果会怎样？”来引导学生从多个角度审视实验过程与结果。通过总结性讨论，学生能够深化对光学规律的理解。这种反思性学习有助于学生在思维层面实现从操作到理论的全面提升，并为他们未来的学术探索奠定坚实基础。

二、热学实验的特殊要求与方法

热学实验不仅涉及对温度、热量和热能转化等抽象概念的理解，还需要通过精确的测量与严格的条件控制，帮助学生探索热学规律并建立对热学理论的系统认知。鉴于热学实验中常伴随能量损失、环境干扰和复杂的变量关系，教学设计需要充分考虑实验的特殊性，并采用科学的实验方法确保实验过程的顺利进行与实验结果的准确性。

热学实验的特殊要求首先体现在对温度测量的精确性上，因为温度作为热学实验的核心物理量，其测量的精度直接影响实验数据的可靠性与结论的科学性。在实际实验中，由于热传导、辐射和对流等热量传递机制的存在，温度分布往往并不均匀，学生在测量时可能难以准确捕捉真实的温度变化。为了提高测量的精确性，教师需要引导学生正确选择和使用温度测量仪器，如液体温度计、热电偶或红外测温仪，并根据实验需求选择合适的测量范围和精度等级。此外，为减少温度波动对测量的影响，实验设计应通过增加热容、减小热损失或延长热量均匀分布时间，创造稳定的测量条件，从而提高实验数据的可重复性与可靠性。

热学实验的特殊要求还包括对热量交换的有效控制，因为热量的传递过程复杂且易受外界环境干扰。学生在实验中需要通过精确的变量控制与实验条件设置，确保热量的转移过程符合理论模型的假设。例如，在研究比热容的实验中，需要确保热源与样品之间的热传递充分且高效，同时防止热量向外界环境的过多散失。这不仅要求实验装置具备良好的隔热性能，还要求学生能够正确操作热源与热量测量装置，以保证实验条件的严谨性。教师在实验指导中应特别强调隔热材料的选择与使用技巧，并通过具体操作示范帮助学生掌握热量交换过程中的关键技术，例如如何使用绝缘材料减少热量流失、如何调整热源的输入强度以维持稳定的温度梯度。这些操作技能是保证实验成功的重要前提。

在热学实验中，时间管理同样至关重要。由于热量传递过程通常随时间动态变化，学生必须通过合理的时间记录与实验步骤安排，捕捉热学现象中的关键节点，并建立变量之间的因果关系。例如，在观察热传导效率的实验中，需要在不同时间点记录温度变化数据，并结合时间变量分析热量传递的速率与趋势。教师在实验设计中可以通过设定清晰的时间节点来指导学生进行数据采集，并结合实验步骤的逻辑性优化时间管理。例如，通过多组同时记录减少数据遗漏，通过平行实验增加数据覆盖面，这些方法能够显著提高实验过程的效率与数据分析的精度。

热学实验的方法还必须充分考虑实验现象的可观测性。因为在热学实验中，许多现象并非直接可见，学生需要借助辅助装置或间接方法获取实验信息。例如，在研究热膨胀现象时，学生可以通过杠杆装置放大物体的膨胀程度，或者通过测量体积变化间接计算长度变化。这种基于间接观察的实验方法能够帮助学生克服观测难度，并从多角度理解热学现象的本质。此外，教师可以引导学生结合实验现象与理论模型进行综合分析，例如通过数学模型模拟热量传递过程的动态变化，并将实验数据与模型预测进行对比验证。这种理论与实验结合的方法能够显著提升学生对热学规律的深度理解与综合运用能力。

为了满足学生个性化学习需求，热学实验的方法还可以采用开放性设计，以鼓励学生在实验中主动探索变量控制与装置优化的可能性。例如，教师可以通过设置自由调节热源强度、选择不同材料进行热量传递的实验任务，让学生在对比分析中发现热传递效率与材料特性的关联，从而在实际操作中深化对热学规律的认知。这种开放性设计不仅能够增强实验的灵活性与趣味性，还能够培养学生的创新思维与问题解决能力，为他们未来的科学探究打下坚实的基础。

三、实验误差的来源与识别

实验误差的来源可以分为系统误差、随机误差和环境误差三个方面，这些误差类型分别揭示了实验装置、操作流程和外界环境对实验结果的不同影响。系统误差是实验中最普遍存在的误差类型，它主要源自测量仪器的精度限制、仪器校准不当或实验模型的缺陷。例如，在热学实验中，如果温度计的标定不精确，测量数据将始终偏离真实值；在光学实验中，若透镜的焦距标定存在误差，实验结果可能无法准确反映光路的规律。在实验教学中，教师应指导学生识别系统误差的特点，即其固有的固定性和方向性，并通过适当的方法，如校准仪器或修正计算公式，努力降低这类误差对实验结果的影响。

随机误差是实验数据中由于偶然因素引起的不可预测的波动，其来源通常包括实验操作的不稳定性、外界干扰的随机性以及仪器灵敏度的限制。这种误差在实验过程中表现为数据的离散性，如在测量液体比热容的实验中，由于加热功率和温度传感器响应的微小波动，测得的热量值可能会在多次测量中呈现出一定范围的变化。教师需要通过引导学生进行多次测量并取平均值的方式减少随机误差的影响，同时通过绘制数据分布图或计算标准差帮助学生量化误差的幅度与趋势，从而培养他们的统计分析能力和科学判断力。

环境误差是实验误差的重要来源之一，其主要表现为外界环境条件对实验系统的非预期干扰，如环境温度、湿度、气压等因素的波动对热学实验的热量传递产生影响，或实验室光线变化对光学实验现象观察造成干扰。这种误差的特点是不可控性和随机性，学生在实验中往往难以直接识别其存在。为了有效减少环境误差，教师可以通过实验设计中的隔离措施，例如在热学实验中采用良好的绝热材料或封闭系统，在光学实验中使用暗室或稳定的光源，尽量降低环境变量的干扰。同时，教师还可以引导学生通过分析环境条件的变化趋势与实验数据之间的关联性，识别环境误差对实验结果的潜在影响，并在实验报告中对这些影响进行详细说明。

实验误差的识别需要结合误差类型的特点与实验数据的表现形式，通过定性与定量的分析方法准确判断误差来源并评估其影响程度。在定性分析中，教师可以通过引导学生观察实验现象与理论预测的差异，例如光路实验中光点位置的偏移或热学实验中温度变化曲线的异常波动，初步识别系统误差或环境误差的存在。在定量分析中，学生可以通过计算数据的偏差值、标准差或相对误差等指标，对实验数据的离散性和偏离程度进行具体评估，并结合误差的方向性与分布规律进一步确认误差的来源与性质。

在识别实验误差时，重视数据与理论模型的对比至关重要。由于物理规律通常以数学模型的形式呈现，学生可以通过将实验数据代入理论公式或绘制数据与模型的对比图来判断实验结果的合理性及误差的根源。例如，在研究热导率的实验中，学生可以测量热流量和温差来计算材料的导热系数，并将其与已知值进行对比分析，从而评估实验结果的准确度和误差来源。这种基于理论指导的误差识别方法不仅提升了实验数据的科学性，还有助于加深学生对物理模型的理解，并在实验与理论的结合中增强分析和解决问题的能力。

探讨实验误差的来源与识别的教学价值，不仅在于它是分析实验结果的技术手段，更在于它能有效培养学生的科学素养和思维能力。通过对误差的分析与识别，学生能够理解科学研究中的不确定性，并学会在复杂条件下提炼核心信息、优化实验流程以及修正研究结论。这种认识和能力的培养对学生未来的科学探索和实际应用具有深远的影响。

四、减小误差的措施与方法

实验中不可避免地会出现误差，但通过恰当的措施和方法，我们可以降低误差对实验结果的影响，进而提升数据的精确度和实验的科学性。在热学与光学实验教学中，教师应根据实验的特性及误差的种类，制定科学的误差减少策略，并通过教学实践指导学生掌握减少误差的技巧，逐步提高他们的实验操作技能和科学探究能力。

降低误差的关键措施之一是提升实验装置的精确度和稳定性。实验装置的质量直接关系到数据的准确性和可重复性。在热学实验中，选用高精度的温度传感器、低热容量的热量计或具备卓越隔热性能的实验容器，可以显著减少由仪器性能不足引起的系统误差。在光学实验中，采用高质量的透镜、稳定的光源和低损耗的光纤连接装置，有助于减少装置缺陷导致的光路偏差和能量损耗。此外，教师应在实验前对装置进行严格的校准和调试，确保其满足实验设计的精确度要求，并通过定期维护来延长设备的使用寿命。这种对装置性能的持续优化不仅能减少误差，还能为学生提供更高效的实验支持。

减少误差的另一关键方法是改善实验条件和环境，尽量减少外界因素对实验系统的干扰。在热学实验中，为了降低环境温度波动的影响，可以使用双层隔热装置或恒温箱来维持实验系统的稳定性，并避免将实验设备放置在靠近热源或冷源的位置。在光学实验中，通过使用暗室环境或遮光罩，可以减少外界光线的干扰，从而提高光路实验的可观察性。此外，通过调整实验室环境的湿度和气流，教师可以进一步降低环境因素对光学和热学实验的潜在影响。这种对实验环境的优化不仅能够提升数据的可靠性，还能为学生营造更加稳定的学习环境。

在实验操作中，降低误差的策略包括规范实验流程、减少操作失误以及多次测量取平均值。规范实验流程是减少随机误差的关键措施。教师应通过详尽的实验指导和操作示范，帮助学生掌握实验步骤的逻辑和要点。例如，在热学实验中，确保热源与样品的接触时间一致、搅拌液体时保持均匀力度；在光学实验中，调整光路时确保实验装置的稳固性和对准性。此外，教师应通过实验前的安全与操作培训，减少学生因技能不足或粗心大意造成的操作失误，这不仅能够降低误差，还能提升实验效率和学生的学习信心。

多次测量取平均值是应对随机误差的有效策略。随机误差的特点是数据分布在一个范围内且方向不定。通过增加测量次数并进行统计处理，可显著降低单次测量中随机误差的影响。例如，在测量光强分布或热导率时，学生可以通过多次采样并计算平均值，得到更接近真实值的数据。教师应在实验教学中引导学生正确理解统计方法的科学原理，并通过计算实验数据的标准差或误差范围，让他们认识到多次测量的价值和必要性。这种统计分析的训练不仅能够提高实验数据的可信度，还能培养学生的定量思维和数据处理能力。

在实验设计中，采取措施减小误差至关重要，这包括选择恰当的变量控制策略和数据处理方法。变量控制的科学性直接关系到实验的精确度和可重复性。教师可以通过精心设计实验条件，确保非实验变量对数据的干扰降至最低。例如，在光学实验中，固定入射光的角度和距离可以减少不必要的变量；在热学实验中，选用导热性能相同的材料可以降低材料差异对实验结果的影响。同时，学生在数据处理阶段应结合实验的理论模型和实际数据，采用适当的修正和拟合方法来进一步降低误差，如通过线性回归校正光路数据的偏差，或通过非线性拟合优化热学实验中的温度-时间关系曲线。

教师在教学过程中，还可以引导学生进行实验改进和反思，帮助他们在实验实践中总结经验，并提出减小误差的方法。例如，设计包含多种误差来源的对比实验，让学生在实验过程中分析各误差的影响程度，并探索改进实验装置、优化实验条件或调整数据处理策略的方法。通过这种方式，学生可以在实践中更深入地理解误差控制。这种以实践为导向、引导学生自主探索的教学方法，不仅提升了实验的灵活性和开放性，还培养了学生的创新思维和科研能力。

第六章　初中物理概念教学中的常见问题

第一节　先行概念对物理学习的干扰

一、生活先行概念的错误影响

生活先行概念的误区对物理教学构成了显著的干扰。学生在日常生活中通过直观经验所形成的理解虽然直接且生动，但往往缺乏科学性和系统性。这些根深蒂固的生活先行概念容易在物理学习过程中造成干扰，导致学生在科学概念的误解和应用上形成一定偏差。因此，深入剖析生活先行概念的形成及其对物理学习的具体影响，是制定有效教学策略的关键。

生活先行概念的形成通常源自学生对自然现象的表面观察与归纳总结，由于缺乏深入的科学分析与理论指导，学生往往会将片面的经验作为判断依据。例如，在学习力学概念时，学生可能因生活中频繁观察到运动物体逐渐停下的现象，误以为物体需要持续的外力作用才能保持运动，而未能认识到摩擦力或空气阻力在这一过程中扮演的角色。这种直观经验导致的错误概念，与牛顿第一定律中的“物体在没有外力作用下将保持匀速直线运动”这一科学描述相悖，进而成为学生深入理解力学规律的主要障碍。

生活先行概念的错误还表现为学生对科学术语的误解与混用。日常语言中的描述往往缺乏物理学术语的精准性，这使得学生在物理学习中容易受生活语言习惯的影响，产生认知偏差。例如，“重量”在日常用语中常被用来泛指某物的体积、质量或感官上的“重”，而在物理学中则专指物体因受地球引力作用而产生的力。学生在学习质量、密度或重力时，若未能意识到这些术语的具体含义与区别，可能会在解题中出现逻辑混乱或计算错误。此外，学生在涉及浮力、压力或动能的学习过程中，生活经验中的“压力感”或“能量”的模糊描述也会进一步混淆他们对科学概念的正确理解。

生活先行概念的错误影响还表现在学生对因果关系的片面解读上。日常经验中的因果推断往往基于有限的观察条件，而未能考虑多变量之间的复杂关联，这种简单化的思维方式在物理学习中容易导致错误判断。例如，在学习热传递的概念时，学生可能仅根据“温度高低”判断热量传递的方向，而忽视了材料导热性、接触面积或传热介质的影响。这种因果推理的偏差不仅影响了学生对热传递速率和热平衡状态的正确认识，也阻碍了他们在实验中构建科学模型与解释现象的能力。

生活先行概念的错误影响具有顽固性和隐蔽性，学生往往难以察觉到，这为教师纠正错误带来了不小的挑战。学生之所以依赖生活先行概念，一方面是因为这些概念易于理解且记忆深刻，另一方面是因为它们能迅速提供直观的解释。然而，正是这种简化了的思维模式，导致学生在面对复杂的科学规律时，缺乏深入分析的意愿和能力。因此，教师在教学过程中需要通过精心设计的问题和情境，引导学生对这些概念进行反思和检验，以促进认知的重构和科学概念的建立。

在应对生活先行概念的错误影响时，教师应采用多种策略，如结合实验、模型和问题引导等。例如，通过设计实验让学生观察到摩擦力消失时物体运动状态的持续性，可以有效帮助他们理解力并非维持运动的必要条件；通过使用动态模型展示热传递过程中的能量流动，可以使学生更直观地理解温度、热量与导热性之间的关系。这种从感性经验到理性认识的转变，是帮助学生摆脱生活先行概念干扰的关键。

二、学科间先行概念的冲突

学科间先行概念的冲突指的是学生在其他学科中形成的观念与物理学中的科学概念之间出现的矛盾或不一致现象。这种冲突通常源自不同学科在知识结构、表达方式和教学目标上的差异。当学生在尝试迁移和整合跨学科知识时，若不能辨识和调和这些差异，可能会遭遇认知上的混乱，进而影响物理学习的深度和成效。因此，分析学科间先行概念的冲突及其表现形式，对于解决这一问题至关重要。

数学与物理学之间的知识迁移是学科间先行概念冲突的一个主要来源。数学作为物理学的重要工具，其符号系统和抽象表达方式对物理学习有着深刻的影响。然而，数学中的一些定律或逻辑在物理情境中的应用具有其特殊性，如果学生忽视了这些差异，就可能产生错误的理解。例如，在学习加速度概念时，学生可能由于数学中对“增长”概念的线性表述，错误地认为加速度与速度的增长幅度呈简单的线性关系，而忽略了加速度的矢量特性以及方向变化的复杂性。这种从数学到物理的概念误用，会直接影响学生对运动规律的准确理解。

化学与物理学之间的知识冲突同样显著，尤其是在涉及能量转化和微观粒子模型的教学内容中。化学教学中通常采用定性描述来解释化学反应的热效应，而物理学则更侧重于热力学中的能量守恒与转化机制。学生在迁移这些知识时，可能会因为化学中的静态模型而忽视物理中动态分布的本质。例如，在分析热传导时，学生可能由于化学中“键断裂与形成”的描述模式，错误地认为热能变化主要源自分子间作用力的重构，而未能正确理解热传递中的微观粒子运动特性。

学科间先行概念的冲突往往体现在学生对基础术语的误解和混淆上。不同学科对同一术语的定义及其应用方式常常存在显著差异，这种差异可能在学生的跨学科学习过程中引起困惑。以“功”为例，在物理学中它指的是力与位移的乘积，而在日常用语或其他学科中，它可能被广泛理解为“有用的效果”。当学生在学习机械功的计算时，如果未能理解物理学对

“功”的严格定义，可能会错误地将“物体移动”与“产生功”等同起来，导致在解决问题时出现逻辑错误。

为了应对学科间先行概念的冲突，教师应采取多维度的教学策略，明确概念间的差异性和科学性，以帮助学生理清认知。例如，在教学中可以采用对比分析法，将物理概念与其他学科的相关概念进行直接对比，并通过实验或案例来阐释物理概念的独特含义。此外，通过问题引导和讨论环节，教师能够协助学生在跨学科的情境中应用物理概念，从而提升其灵活性和适用性。

三、先行概念干扰的诊断方法

以建构主义学习理论为指导，先行概念干扰的诊断强调学生知识的建构是在其现有的认知框架上进行的。作为认知框架的一部分，先行概念既是学习新知识的基础，也可能成为潜在的障碍。当先行概念与科学概念发生冲突时，学生往往在错误认知的影响下难以正确理解新知识。因此，诊断先行概念的过程不仅是纠正错误的手段，也是了解学生思维特点和学习起点的重要方法。先行概念诊断的重要性还体现在教学设计和效果评价中。通过诊断，教师可以清晰了解学生对核心概念的掌握程度及其主要误区，从而有针对性地设置认知冲突、设计实验任务或调整教学内容。同时，通过在教学前后进行概念诊断，教师可以对教学效果进行量化评估，并基于数据反馈优化教学策略。这种动态化、个性化的教学设计，能够显著提高学生的学习效果。

（一）诊断方法与实施策略

1. 访谈法

访谈法是一种基于师生对话的诊断方法，其独特优势在于能够深入探究学生的思维过程。教师可以借助开放性问题的设置，引导学生阐述对物理现象或概念的理解，从而识别出其潜在的先入为主的错误概念。例如，在力学教学中，教师可以提出“物体为何会停止运动?”通过学生的回答，教师可以进一步深入提问“若不存在摩擦力，物体会如何运动?”以此来揭示学生对运动状态和外力关系的误解。

访谈法的关键在于问题的精心设计和提问技巧的运用。教师需要通过逐步深入的追问，协助学生揭示其错误概念，并在对话中辨识认知冲突的具体表现。然而，鉴于这种方法对时间和教师经验的要求较高，其应用通常限于小规模的重点学生诊断或课堂讨论环节。

2. 问卷调查法

问卷调查法是一种广泛应用于教育评估的方法，以其广泛的覆盖范围和高效率而著称。其核心优势在于通过精心设计的问题和多样化的题型，能够全面评估学生对核心概念的掌握程度。例如，针对热学概念的常见误解，教师可以设计一系列选择题、判断题以及开放性问答题。例如："温度较高的物体是否总是向温度较低的物体传递热量?""金属是否一定比木材更容易升温？请解释原因。"通过分析学生的回答，教师能够识别学生在特定概念上的主要误区及其分布特征。

问卷调查法的另一优势在于其数据化和可操作性，教师可以利用统计学工具对学生的回答进行定量分析，从而精确地识别出先行概念的普遍性和差异性。然而，为了确保问卷的有效性，设计问卷时必须注重科学性和针对性。教师需要结合教学目标和学生实际情况，确保问题表述清晰、易懂，并且具有足够的诊断价值。

3. 课堂观察法

课堂观察法是一种基于教学活动的动态诊断技术，它允许教师通过观察学生在课堂上的行为来直接评估他们对物理概念的掌握情况以及可能存在的认知障碍。例如，在小组讨论或实验操作环节，教师能够通过分析学生的语言和行为来判断他们是否受到先前概念的干扰。以光学实验为例，学生可能会错误地认为"光在空气中传播不需要时间"，教师通过细致的观察可以识别出这一误解，并在后续教学中做出相应的调整。

课堂观察法的优势在于其能够提供实时和情境化的反馈，使教师能够根据课堂动态即时调整教学策略。然而，这种方法对教师的观察能力和经验要求较高，同时受限于课堂时间和环境条件，因此通常建议与其他诊断方法并用，以获得更全面的教学反馈。

4. 测试法

测试法是一种定量化的评估方法，其核心在于通过精心设计的题目和分数评估，客观地测量学生对物理概念的掌握程度。这一方法通常包括前测和后测，以比较学生在教学前后的概念变化，从而评估教学效果和干扰程度。例如，教师可以在讲解浮力前设计一套测试题，以探测学生对液体密度、浮力大小和重力关系的理解，并在教学后通过类似的测试检查学生的认知转变。

实施测试法时，需要注重题目设计的科学性和多样性，确保题目能够全面反映学生的认知水平和思维特点。同时，教师需要结合定性分析和定量分析，准确解释测试结果，并据此制定后续教学策略。

（二）诊断方法的综合应用与未来发展

在教学实践中，单一的诊断方法往往难以全面揭示学生的认知特点和先行概念的复杂性。因此，教师需要结合多种方法，构建一个系统化的诊断机制。例如，在评估学生对力学概念理解时，可以先利用问卷调查来初步掌握整体的误区分布，随后通过访谈法深入探究个体学生的认知逻辑，并结合课堂观察与测试法来验证诊断结论的科学性。这种综合运用多种方法的做法，能够显著提升诊断的全面性和准确性，为教学干预提供更为精确的参考依据。

展望未来，随着教育技术的进步，智能化和数据化的诊断工具预计将广泛应用于物理教学。例如，基于人工智能的学习分析系统能够实时收集学生的学习数据，并自动生成个性化的诊断报告，协助教师迅速识别学生的认知障碍，并提供针对性的反馈。此外，虚拟现实和仿真技术的应用也为先行概念的诊断提供了更为直观和高效的方式。学生可以通过沉浸式的实验体验来展示其对物理现象的理解，从而为教师提供更丰富的诊断信息。

四、消除先行概念干扰的策略

消除先行概念干扰是物理教学的关键任务之一，因为这些概念在学生的认知结构中根深蒂固，往往成为他们理解科学知识的主要障碍。为了帮助学生摆脱这些错误概念的束缚，教师必须采用多元化和科学化的教学策略，引导学生实现从错误认知到科学认知的转变。这一过程不仅要求教师在教学设计上具备前瞻性，还需要在实施过程中根据学生的实际情况动态调整教学策略，以达到最佳的教学效果。

（一）基于认知冲突的教学干预

认知冲突是引导学生修正错误先行概念的有效手段，其核心在于创造与学生已有概念相悖的学习情境，激发学生意识到自身认知的问题，并通过思考和调整来构建新的认知框架。这一策略在物理教学中具有广泛的应用，特别是在那些学生普遍存在的误解与科学理论直接相悖的概念上。例如，在学习惯性定律时，许多学生由于日常经验而错误地认为物体的运动状态需要持续的外力来维持。教师可以通过展示气垫导轨实验，让学生观察到物体在无外力作用下持续匀速运动的现象，从而激发他们对“运动需要外力”这一错误认知的质疑。

认知冲突策略的成功实施需要教师在教学设计中合理控制冲突的强度与复杂性。因为过于微弱的冲突可能无法引起学生的兴趣，而过于复杂的冲突则可能导致学生感到困惑。教师可以通过分阶段引入冲突情境，逐步提高学生的认知挑战，同时通过适当的问题提示与讨论引导，帮助学生在解决冲突的过程中构建科学概念。例如，在讲解浮力概念时，教师可以先通过简单的实验展示重物下沉的现象，引导学生形成初步的浮力认知，再通过引入不同体积但相同材料的物体比较，进一步引导学生认识浮力与排开液体体积之间的关系。

（二）通过问题引导构建科学认知

问题引导是物理教学中广泛采用的一种策略，因为它能够激发学生的思维活动，并引导他们将注意力集中在核心概念上。教师通过设计开放性和启发性的问题，可以引导学生逐步识别错误概念并建立正确的科学认知。例如，在探讨热传导时，教师可以提出“为什么金属锅的手柄通常使用木材或塑料制作?”这样的问题，通过引导学生分析材料的导热性及其在实际应用中的意义，使他们逐渐认识到热量传递的效率不仅取决于温差，还与材料的性质密切相关。

问题引导的设计需要具备逻辑性和层次性，以确保学生能够在分步解答的过程中逐步接近科学结论。教师可以将复杂问题分解为若干子问题，每个子问题都聚焦于核心概念的一个方面，从而降低学生的认知负担。例如，在学习机械能守恒定律时，教师可以先通过问题引导学生理解机械能的两种基本形式（动能和势能），再通过引入实验数据分析机械能转化过程中的规律，最终帮助学生构建完整的能量守恒框架。此外，通过结合学生的实际生活经验和直观感知，问题引导能够让学生更深刻地认识到科学概念的现实意义，从而增强学习的主动性和参与感。

（三）利用实验与模型建构支持认知转化

实验与模型建构在物理教学中扮演着至关重要的角色，它们以直观和具体的方式揭示了科学概念的核心特征。通过精心设计和执行实验，教师能够辅助学生观察并验证物理定律，进而纠正他们先前错误的概念理解。以研究浮力定律为例，教师可以通过比较不同体积和密度的物体在液体中的浮沉状态，直观地展示浮力的变化规律，并引导学生将这些实验现象与阿基米德原理相联系，从而实现认知结构的重建。

模型建构是另一个促进概念转变的关键工具。通过创建简化的物理模型，学生能够更直观地把握复杂的物理现象及其内在逻辑。例如，在学习电学概念时，教师可以指导学生构建电路模型，以理解电流、电压和电阻之间的相互关系，并利用动态仿真软件模拟不同电路条件下的变化，从而纠正“电流被消耗”的误解。模型建构的过程不仅有助于学生深入理解科学概念，还能够锻炼他们的抽象思维和科学推理能力。

第二节　物理概念的抽象性与学生认知困难

一、抽象概念的特征与表现

物理学的学科特性之一在于其概念的抽象性，因为物理学研究自然规律，而这些规律通常需要借助数学模型和逻辑推理来表达。这种高度抽象的特点在物理教学中体现为许多核心概念难以被直接感知或观察。学生必须借助中介工具、间接实验和理论推导来理解这些概念的本质。这种特性不仅增加了物理概念学习的难度，也使得学生在认知过程中面临诸多挑战。

首先，抽象概念的特征体现在其表述方式的符号化和数学化上，这使得物理概念与日常生活中的直观现象不同，而是依赖符号系统进行定义和运算。例如，在力学中，加速度被定义为速度的时间导数，其物理意义需要通过数学语言来表达。这种数学化特性要求学生具备一定的数学能力，并能够将数学符号与物理现象建立联系，从而实现从符号到实际的跨越。然而，由于数学语言本身的抽象性，这种联系的建立对许多初中学生而言具有较大难度，尤其是对那些尚未掌握相关数学知识的学生。

其次，抽象概念通常具有较强的理论性和普适性，这意味着它们超越了具体现象的限制，适用于多种不同的情境。例如，能量守恒定律不仅适用于机械系统，还适用于热学、电学和波动学等领域。这种跨学科的适用性使得物理概念具有极高的科学价值，但也增加了学生理解的复杂性。在学习过程中，学生往往倾向于用具体的例子来理解物理概念，但抽象概念的普适性要求他们将注意力从具体情境转向概念本身。这种认知转移的过程需要较高的抽象思维能力。

再次，抽象概念还具有隐含性和非直观性，这使得学生难以通过感官直接感知这些概念。例如，电场作为一个物理量，其本质是电荷间相互作用的空间分布，但由于电场本身无法直接观测，学生必须通过实验数据和数学模型进行推导和理解。这种非直观性使得抽象概念的学习更加依赖教师的引导和教学设计。教师需要通过模型、图像和实验演示等方式，将抽象概念的特性逐步显现出来，以帮助学生完成从感性认知到理性认知的转变。

二、学生认知困难的原因剖析

学生在掌握物理概念时所面临的认知挑战，不仅源自概念本身的抽象性，还与学生的认知特征、知识基础和学习方法紧密相关。这些挑战表现为对概念深层含义理解不足、对理论推导的接受速度缓慢以及在实际应用中的混淆或错误。认知挑战的主要原因在于学生的抽象思维能力尚未完全成熟。初中生正处于从具体运算思维向抽象逻辑思维过渡的关键阶段，但这一过渡因个体差异而异，许多学生尚未能将具体现象抽象化为物理模型。例如，在学习质量与密度的关系时，学生往往能直观地感受到物体的“轻”或“重”，却难以将这种直观感受转化为质量和体积的定量关系。这种抽象思维能力的不足，导致学生在处理符号化和数学化的物理概念时，容易产生理解偏差或逻辑混乱。

学习方法不当同样是导致学生认知挑战的关键因素。许多学生在学习物理概念时，倾向于死记硬背公式和定律，而忽略了对概念本质的深入探究。虽然这种学习方法能在短期内帮助学生完成基础计算，但在需要灵活运用或综合分析概念时，往往无法有效应对复杂问题。例如，在解决电学问题时，学生可能记住了“电阻与电压成正比”的公式，却未能掌握这一关系背后的物理原理，因此在遇到条件变化的问题时会感到困惑。此外，学生对物理学习的兴趣和动机不足，也是导致认知困难的重要心理因素。由于物理概念的抽象性和学习难度较高，许多学生在学习初期容易产生挫败感，进而降低了学习兴趣和参与度。这种消极情绪进一步影响了他们在课堂上的注意力和学习成效，从而形成了认知挑战与学习动力不足的恶性循环。

第三节　物理概念表述中的模糊性与多义性

一、概念表述模糊的常见形式

作为自然科学基础的物理概念，其表述的精确性和严谨性对于知识的传递和理解至关重要。然而，鉴于物理现象的复杂性以及表述语言的多样性，物理概念在教学中的表述常常带有模糊性。这种模糊性不仅提升了学生理解概念的难度，还可能引起错误的知识构建和认知偏差。深入分析物理概念表述模糊的常见形式，可以为教学改进提供理论支持和实践指导。

物理概念表述模糊的一个主要表现是语言描述的抽象性。物理学科的一个核心特征是对现象规律的高度抽象化，其表述语言多采用数学表达或符号体系。但在初中教学中，这种抽象表述通常需要通过语言来解释。在语言转换过程中，简化描述或缺乏明确的边界条件可能导致概念意义的模糊。例如，力学中的“力是物体间的相互作用”这一表述，尽管其数学定义和理论背景严谨，但对于初学者来说，“相互作用”的具体表现形式和应用范围并不清晰，这容易在实际应用中给学生造成一定困惑。

概念表述模糊的另一个常见形式是概念适用范围的边界说明不足。物理学中许多概念都有明确的适用条件，例如经典力学的“惯性定律”仅在宏观低速条件下成立，而在接近光速或微观领域时，则需引入相对论或量子力学理论。但在初中物理教学中，由于教学内容的简化和学生认知水平的限制，概念的边界条件往往未能得到充分说明，这可能导致学生对概念适用范围的误解。例如，学生可能在所有物理现象中机械地套用经典定律，而忽略了其适用条件，从而构建了错误的知识体系。

物理概念表述的模糊性还可能源于不同情境下概念的多样化表达方式。在不同的教材或教学场景中，同一物理概念可能因语言风格、教学目标或知识结构的差异而采用不同的表述形式。这种表述的不一致性容易引起学生的认知混淆。例如，“功”这一概念在某些教材中强调“力与位移的乘积”，而在实验教学中可能更侧重于“能量转化的量化描述”，这种多样化的表达方式可能使学生难以对概念的核心内涵形成统一的理解。

二、多义性概念的产生根源

物理概念的多义性是影响教学成效的关键因素之一，其核心在于同一概念在不同情境或学科背景下可能呈现出不同的含义或作用。尽管这种多义性彰显了物理学科知识的广泛适用性和高度的抽象性，但如果在教学过程中处理不当，可能会引起学生的认知偏差，甚至错误地构建概念。通过深入分析物理概念多义性的成因，教师能够更有效地指导学生解读和应用这些概念。物理概念多义性的根本原因之一在于物理学研究对象的多样性与规律的普遍适用性。作为探索自然界基本规律的科学，物理学的概念通常具有广泛的适用性，能够跨越不同的学科领域和现象类型，保持一致的数学形式或符号表述。然而，在具体应用时，由于研究对象和目标的差异，概念的内涵可能会发生变化。例如，“场”这一概念既可指电场，也可指磁场或重力场，在不同情境下，其物理意义和作用机制存在显著差异。学生在学习过程中若未能准确区分这些差异，容易对概念的核心内涵产生模糊理解。

多义性概念的另一个重要成因是物理语言表达的灵活性与数学形式的多解性。许多物理概念依赖数学工具来精确描述，而数学表达的多解性与灵活性可能导致同一数学公式或表达式在不同情境下具有不同的物理意义。以经典力学中的“动量”为例，它既可以表示物体质量与速度的乘积，也可以通过数学推导与能量公式相联系，在不同问题中表现出不同的作用效果。这种数学形式的多解性虽然为物理理论的普适性提供了基础，但对学生的认知能力和逻辑推理能力提出了更高的要求。

物理概念的多义性往往源自物理学发展的历史性和概念的多重定义。随着物理学的进步，为了解释新的现象或满足新的研究需求，众多概念经历了重新定义或被赋予了新的含义。例如，电荷的概念在经典物理学中仅指代基本电荷单位，而在现代量子场论中，它被扩展为量子化场的特征量。这种历史性的演变使得物理概念拥有多重定义，虽然这丰富了物理学的理论体系，但在教学过程中，它可能使学生难以掌握概念的核心意义和实际应用。

多义性概念的产生也与教学内容的呈现方式和知识体系的编排逻辑紧密相关。在物理教材或课堂教学中，由于编排逻辑的差异，同一概念可能以不同的形式或角度被引入，这种编排上的差异容易导致学生对概念内涵和外延的困惑。例如，在某些教材中，“热量”概念可能被呈现为能量传递的一种形式，而在其他教材中，则可能强调其作为热力学状态变化的定量描述。这种差异可能导致学生在概念迁移和应用时遇到认知障碍。

第四节　教学方法单一导致的兴趣缺失问题

一、单一教学方法的弊端分析

物理学是一门融合了理论抽象性和实践操作性的学科，其教学成效不仅取决于教师对知识点的深入讲解，还依赖于教学方法的多样性和适应性。然而，在现实教学过程中，由于教学方法的单一性，往往缺乏多样性和针对性，难以有效激发学生的学习兴趣，且长时间的重复可能导致学生对物理学习产生厌倦。深入剖析单一教学方法的缺陷，能够为实施多样化教学策略提供理论支持和实践指导。

单一教学方法的主要问题在于抑制了学生的学习兴趣。教学方法的单一性通常表现为教师在课堂上长期依赖讲授法或机械式练习，虽然能在一定程度上传递知识，但却忽略了学生的主体地位和个性化学习需求，难以提供满足学生个性化需求的学习体验。学生在这一过程中因缺乏主动参与和多元感官刺激，容易出现学习疲劳和兴趣丧失，进而导致课堂注意力分散和学习效率降低。此外，单一教学方法还可能导致知识传递的单向性，即教师成为知识的唯一输出者，学生的角色变为被动接受者，缺乏自主探究和深度思考的机会，这使得学生难以对物理概念形成深刻理解和长期记忆。

单一教学方法的弊端不仅体现在学生综合能力的培养不足上。物理学科的学习不仅要求学生掌握概念与规律，还需要通过实验探究、问题解决和知识迁移等活动，培养其实验技能、逻辑推理能力以及创新意识。然而，单一的教学方法通常局限于课本知识的讲解与练习题的训练，忽视了学生在学习过程中的主动参与。他们在这一过程中虽然能够完成考试的短期目标，却难以在更高层次上将知识内化为能力。此外，教学方法的单一性还可能限制学生的多样化学习体验，特别是在当前教育技术快速发展的背景下，缺乏技术辅助的传统教学方法难以满足学生对互动性与直观性的需求，从而进一步降低其学习兴趣。

教学方法的单一性也会对师生互动的质量产生负面影响。物理学科的教学需要通过教师与学生之间的双向交流，及时捕捉学生的理解困难与学习需求，并在互动中调整教学节奏与策略。然而，单一教学方法通常将教师置于课堂的绝对主导地位，忽视学生在学习过程中的主动性与参与感，师生之间缺乏深度交流与思想碰撞，进一步导致教学效果的低效与学生兴趣的降低。在这种背景下，学生的物理学习逐渐变成机械式的知识记忆与操作，难以感受到学科的趣味性与实践价值。

二、多样化教学方法的类型介绍

为了克服传统教学方法的局限性，物理课堂应广泛采用多样化的教学策略。这些策略融合了多种教育理念与实践模式，通过为学生提供多元化的学习体验和多角度的知识获取途径，不仅能够点燃学生的学习热情，还能推动其能力的全面提升。多样化教学策略的分类可以从知识传授的方式、学生参与的模式以及技术应用的层面等多个维度进行。

以知识传授方式为分类依据的多样化教学策略包括讲授法、讨论法和案例分析法。讲授法作为传统教学的核心手段，适用于物理知识的系统性讲解与逻辑推导，其优势在于能在短时间内传递大量信息；讨论法通过师生或学生间的互动交流，促进对物理现象与规律的多方面思考与理解；案例分析法则通过具体情境或历史实例的分析，将抽象概念与实际问题相结合，帮助学生在具体化的过程中掌握物理规律。这些方法的结合使用，可以在知识传授的同时提升学生的参与感和思维深度。

从学生参与模式的角度来看，多样化教学策略包括实验教学、探究式学习和项目式学习。实验教学通过真实或虚拟实验环境，帮助学生在动手操作中观察物理现象、验证物理规律并培养实验技能；探究式学习强调问题导向和自主探究，通过设计问题情境与引导探究过程，激发学生的逻辑推理与创新能力；项目式学习则通过跨学科任务或长期项目的实施，让学生在综合运用知识的同时发展团队合作与问题解决能力。这些以学生为中心的教学策略能够显著提升学生的学习动力与参与度。

技术辅助教学策略是多样化教学中的关键部分，包括多媒体教学、虚拟现实技术和在线学习平台。多媒体教学通过视频、动画和交互软件等方式，将物理现象的动态过程与复杂规律以直观形式展现，降低学生对抽象概念的认知难度；虚拟现实技术为学生提供沉浸式学习体验，通过模拟实验或动态仿真，让学生亲身体验物理规律的实际应用；在线学习平台则通过个性化学习路径与即时反馈机制，支持学生的自主学习与知识巩固。这些技术手段的应用不仅丰富了教学策略的形式，还为学生的个性化学习提供了更多可能性。

通过引入多样化的教学策略，教师可以在物理课堂中营造更加生动、互动和高效的学习氛围，使学生在多维度的学习体验中发现物理学科的魅力与价值，同时为其能力的全面发展提供支持与保障。

第七章　物理概念教学方法的创新与实践

第一节　基于模型构建的物理概念教学路径

一、物理模型的分类与选择

物理模型作为物理学研究和教学的关键工具，其分类与选择对模型在概念教学中的应用效果和教学目标的实现具有决定性影响。在教学过程中，物理模型的分类依据可以从表述形式、功能特性以及应用范围等多个维度展开。科学的分类与合理的选择，不仅有助于教师准确地传递物理概念，还能够帮助学生在认知过程中建立更加清晰的逻辑思维框架。从表述形式来看，物理模型主要分为三种类型：实物模型、数学模型和图形模型。实物模型通过物理装置或模拟实验再现自然现象，为学生提供直观感知的机会，有助于将抽象概念转化为具象表达。数学模型以方程、函数或代数关系式的形式体现物理规律之间的定量联系，通过精确的数学描述，帮助学生理解变量的相互作用及其内在逻辑。图形模型则通过曲线、图表或几何形态的方式将物理规律可视化，从而增强学生对概念特性和动态变化的理解。这些不同形式的模型在物理教学中各有侧重，教师需要根据教学目标与内容特点选择适宜的模型，以达到概念讲解的最佳效果。

基于功能特性，物理模型可进一步分为描述性模型、解释性模型和预测性模型。描述性模型通过呈现物理现象的主要特征，为学生提供对知识结构的基本认识；解释性模型通过揭示物理现象背后的因果关系和机制，帮助学生深化对物理规律的理解，并提升逻辑推理能力；预测性模型则通过构建规律性的联系，支持学生在新情境中进行合理推测与分析，培养其批判性思维和科学探究能力。在教学实践中，描述性模型适合于物理概念的初步讲解，而解释性与预测性模型则更多地应用于复杂问题的解决与深入探究之中。

从应用范围的角度，物理模型可以划分为基本模型与复杂模型。基本模型具有高度简化的特点，适用于初级阶段的概念教学，能够帮助学生抓住物理现象的核心本质；复杂模型则涵盖更多变量与条件，适用于进阶学习，旨在培养学生对物理概念的综合运用能力。在具体教学中，教师需要根据学生的认知水平和教学目标的深度选择适当的模型类型，通过层次分明的设计使学生逐步掌握物理概念的内涵与外延。

为了实现物理模型的科学分类与高效选择，教师在教学设计中需结合物理学科特点、教学目标与学生认知规律进行综合评估。例如，对于实验内容较多的物理单元，可以优先选择实物模型或实验演示方式；而对于涉及复杂数学推导的概念，可以结合数学模型和图形模型进行多维度讲解。科学的分类与合理的选择不仅能够优化教学过程，还能显著提升学生对物理概念的学习成效。

二、借助模型讲解物理概念

在初中物理教学中，物理模型的应用价值不仅限于其构建过程，更重要的是通过模型的讲解来帮助学生理解抽象的物理概念。借助模型讲解物理概念，不仅能够将物理现象和规律以直观的方式呈现，还能促进学生在感性认知与理性思维之间建立逻辑联系。为了实现这一目标，教师需要在讲解过程中合理规划叙述逻辑，充分利用模型的特点，帮助学生逐步掌握物理概念的核心内涵与外延。

模型讲解的起点在于明确概念的教学重点和模型的核心功能。物理概念通常具有较高的抽象性和逻辑性，而模型则通过可视化和简化的方式，为这些概念提供具体的表达工具。在讲解过程中，教师需要聚焦概念的本质特性，并通过模型的核心功能引导学生理解这些特性。例如，在讲解力学中的重力与弹力时，可以利用自由体模型强调力的作用点和方向；而在电学中讲解电流与电阻的关系时，可以通过等效电路模型突出电路的闭合条件和欧姆定律的应用。通过明确模型的核心功能，教师能够有效避免讲解过程的偏离主题，使学生专注于概念的关键特征。

在模型讲解的具体实施中，教师需充分利用模型的直观性和互动性，通过动态演示和多感官体验，增强学生对概念的理解深度与记忆效果。动态演示可以通过计算机仿真、实验装置操作或多媒体动画等方式实现，将物理现象的变化过程和模型的关键特性清晰呈现给学生。例如，在讲解光的反射与折射规律时，可以利用光线模型的动态追踪功能，展示光线在不同介质中的传播路径和角度变化。通过动态演示，学生不仅能够直观感受到物理规律的表现形式，还能在模型的变化中深入理解概念的动态特征。此外，多感官参与还可以通过模型的操作与互动设计实现，例如让学生动手调整实验模型的参数或尝试构建新的模型，从而在实践中加深对概念的理解。

在模型讲解过程中，教师应重视学生的理解反馈和认知支持。物理模型在简化过程中可能会隐藏一些物理现象的细节，导致学生在学习时产生认知偏差或误解。例如，在强调受力分析的自由体模型中，力与加速度之间的关系可能会被忽略；而等效电路模型的简化可能会让学生误解电流的真实分布。因此，教师在讲解时应通过提问引导和互动讨论，及时发现学生的认知困惑，并通过补充讲解或重新设计模型来帮助学生消除误解。学生的理解反馈不仅为模型的优化提供了依据，还能帮助教师调整讲解策略，使教学更加符合学生的学习需求。

物理模型的讲解还应着重培养学生的科学思维能力和探究精神。模型作为物理学科的关键工具，其应用过程体现了科学方法的具体实践。在讲解时，教师应有意识地引导学生关注模型的假设前提、边界条件和适用范围，帮助学生理解模型与真实物理现象之间的联系与差异。例如，通过比较不同模型的优缺点，激发学生思考模型简化对理解物理现象的影响，并引导他们在实际问题中选择最合适的模型。这种以模型为媒介的科学思维训练，不仅能够提高学生的概念理解能力，还能帮助他们在未来的学习和生活中灵活运用科学方法解决问题。

第二节　探究式学习在物理概念教学中的实践

一、探究式学习的流程设计

探究式学习是一种以学生为中心、以问题解决为核心的教学方法，其关键在于通过设置问题情境和科学探究的过程，激发学生主动构建知识体系和培养科学思维。为了在物理概念教学中有效地应用探究式学习，教师必须对学习流程进行精心设计，确保每个环节都有明确的目标和顺畅的过渡，从而推动学生在探究过程中深化认知和提升能力。

探究式学习的起始阶段是设计和提出问题情境。教师应依据物理概念的核心属性和学生的认知水平，创建真实且具有挑战性的学习环境，以点燃学生的探究热情和学习动力。在设计问题情境时，应强调情境的真实性和复杂性，使其能够体现物理现象的本质，并通过与学生日常生活或社会实际的联系，提高情境的吸引力。例如，在设计关于力学概念的情境时，可以通过模拟常见的机械设备或日常物体的运动，帮助学生在熟悉的环境中理解概念的实际应用。有效的设计问题情境能够激发学生的学习动力，为后续的探究活动打下坚实的基础。

在问题情境明确之后，探究式学习进入假设提出和方案设计阶段。学生在教师的引导下，依据已有的物理理论和问题背景，提出合理的假设，并设计具体的探究方案来验证这些假设。在这一过程中，教师应通过提问和交流引导学生关注问题的关键点，明确假设的科学依据和逻辑推理。探究方案的设计应包括实验工具的选择、操作步骤的规划以及数据采集和分析的方法，以确保方案的实用性和科学性。通过深入讨论和评估方案设计，学生不仅能在逻辑思维和科学表达方面得到锻炼，还能增强对物理概念的理论理解和实践应用能力。

随着探究方案的确定，探究式学习步入了实验与数据收集的核心阶段。在此过程中，学生必须通过实验操作来验证假设，并通过观察实验现象与记录数据，获取验证假设所需的关键证据。教师在这一阶段扮演着提供技术支持与过程监控的角色，确保学生能够准确地按照探究方案的要求操作实验工具，并在数据收集过程中保持严谨与规范。同时，教师还需通过即时反馈与指导，帮助学生识别实验过程中可能出现的误差与偏差，并引导他们不断改进，从而在提升探究活动质量的同时，培养学生的批判性思维与科学态度。

数据分析与结论的得出是探究式学习的关键环节。学生需要通过整理与分析实验数据，验证假设的正确性，并总结物理规律或概念的核心特性。在此过程中，教师应鼓励学生结合数据的特征与趋势，运用物理模型或数学分析工具进行深入分析，并通过逻辑推理得出科学的结论。通过这一环节，学生不仅能够加深对物理概念的理解，还能在数据处理与问题解决能力方面得到提升。

最终，探究式学习的流程设计应以反思与评价结束。学生在完成探究活动后，通过总结经验与反思过程，进一步巩固对物理概念的认识，并发现探究活动中的优势与不足。教师可以通过引导学生撰写探究报告或参与集体讨论，帮助他们梳理学习过程中的关键节点与认知成果，并通过同伴互评与教师评价的结合，促使学生在反思中获得更深层次的学习经验。通过系统化的探究流程设计，探究式学习能够在物理概念教学中有效实施，并为学生的科学素养发展与学科能力提升提供全面支持。

二、问题驱动下的概念探究

问题驱动作为探究式学习的核心机制，通过问题的引导与驱动，为学生提供了明确的学习目标与行动路径，从而促进学生在解决问题的过程中主动构建知识体系。在物理概念教学中，问题驱动不仅是教学设计的重要原则，更是激发学生学习兴趣与提高学习效率的关键策略。教师在实施问题驱动时，需要注重问题的设计逻辑与驱动机制，确保每个问题都能够为概念的理解与应用提供有力支持。

在问题驱动下的概念探究中，首先需要以科学问题为核心，问题的设计需紧密围绕物理概念的核心特性与关键规律，并能够引导学生在探究过程中逐步构建对概念的系统认知。在问题设计中，教师需要综合考虑问题的开放性与层次性，通过分层设计引导学生逐步深入。例如，针对光的传播概念，可以设置从直线传播现象到折射规律的多个子问题，使学生在解决每个子问题时都能获得部分知识，从而在问题链条的连接中构建完整的概念理解。

为了确保问题驱动的效果，教师需要不断调整问题难度与内容，使其能够与学生的认知水平与学习进阶规律相匹配。在初学阶段，问题的设计可以更加直观与具体，以降低学生的学习门槛；而在进阶阶段，问题则可以更加抽象与复杂，以挑战学生的思维能力与创新意识。通过动态调整问题难度，教师能够在探究过程中始终保持学生的学习动机与参与度，从而提升概念学习的深度与广度。

在问题驱动的实施中，教师还需要注重问题与物理模型的结合，通过模型的使用与分析，帮助学生在问题解决中实现对概念的深度探究。例如，在探究力的分解与合成概念时，问题可以围绕受力分析展开，学生通过自由体模型的构建与分析，逐步掌握力的分解规律与等效处理方法。这种问题与模型的结合能够有效缩短学生从问题情境到物理规律的认知路径，同时提升问题导向下的探究效率。

以问题驱动的概念探究，必须建立在学生自主性的基础上。教师在提出问题后，应通过启发式提问和引导，激发学生自主设计探究方案并进行实验操作。自主性的培养不仅能够提升学生对学习过程的控制感，还能通过实践活动帮助学生在解决问题的过程中积累经验，提高解决问题的能力。

此外，教师在引导过程中应避免过度干预，通过设置开放性问题和多路径解决方案，拓展学生更广阔的探索空间，从而激发他们的创新思维和探究欲望。

第三节　结合生活情境的物理概念教学

一、生活情境的筛选与创设

将物理概念与生活情境相结合的教学方法被证明是有效的，因为生活情境的直观性、关联性和实践性特点有助于学生在熟悉的背景下构建对抽象概念的理解。筛选和创设恰当的生活情境是这一教学策略的核心，生活现象具有多样性和复杂性，并非所有情境都适用于物理教学。教师在筛选和创设生活情境时，应以教学目标为导向，结合学生的实际生活经验和认知特点，通过科学的分析和设计，确保情境与教学内容的紧密配合，以实现最佳的教学效果。在筛选生活情境时，教师应从日常生活中提取与物理概念紧密相关的典型现象，这些现象应具有高度的代表性和启发性，以便学生能迅速识别出与物理规律相关的关键特征。例如，在讲解杠杆原理时，教师可选用跷跷板作为生活情境，因为它不仅与物理规律紧密相关，还能借助学生的日常经验迅速激发他们的兴趣和注意力。同时，情境的筛选应平衡复杂性与易操作性，因为过于简单的情境可能无法激发深层次的思考，而过于复杂的情境则可能增加学生的认知负担，影响学习效果。因此，教师在筛选时应充分考虑学生的年龄和认知水平，并通过实验和讨论来验证情境的适用性。

生活情境的创设涉及在现有生活现象的基础上，通过适当的设计和加工，使其更贴合教学目标和课堂需求。在创设过程中，教师可以简化情境中的非核心元素，突出物理规律的关键因素，使情境更加集中于物理概念的学习。例如，通过将复杂的机械装置分解为若干独立的功能模块，教师可以引导学生逐步分析每个模块的物理原理，从而在分步探索中掌握整体规律。此外，创设过程可以结合现代教育技术，如虚拟现实、动画演示或交互平台，构建动态的生活情境，让学生在沉浸式体验中直观地感受到物理现象的变化规律，从而加深对概念的理解。

确保教学效果的关键在于情境筛选与创设的科学性，因为不恰当的情境可能会导致学生对物理概念产生误解或片面的理解。在筛选和创设情境时，教师必须重视情境与概念之间的对应关系，避免选择那些与目标概念关联性较弱或可能引起认知干扰的情境。此外，通过多样化的情境设计，教师可以为学生提供更广泛的学习体验。例如，通过比较不同情境下的物理规律变化，帮助学生认识到物理概念的普适性及其应用价值。

二、从生活现象引入物理概念

引入生活现象是教师通过精心策划的教学活动，将学生日常熟悉的生活经验与目标概念巧妙融合，从而在自然过渡中帮助学生初步理解物理规律。这一过程要求教师在设计教学内容时，充分考虑学生的先验知识和认知特性，通过恰当的引导和互动，让学生在观察、思考和讨论中逐渐过渡到科学认知。在引入生活现象时，教师应重视现象的代表性和可观察性，因为物理概念的学习建立在学生对现象的精确观察和分析之上。在选择生活现象时，教师应优先考虑那些易于感知、逻辑清晰且物理意义明确的现象。例如，在讲解热传导时，可以选用金属勺子与热水接触后温度升高的现象，通过观察和分析热量从高温区域到低温区域传递的过程，引导学生初步理解热传导的基本规律。通过这样的现象选择，学生能够在熟悉的情境中迅速建立感性认知，并在教师的引导下进一步深化对现象背后物理规律的理解。

在将生活现象转化为物理概念的过程中，教师应重视引导的层次性和逻辑性。学生的认知发展遵循从表象到本质、从简单到复杂的规律。教师可以采用分阶段提问和讨论的方式，逐步引导学生从现象的外在特征深入到内在规律。以杠杆原理为例，教师可以先让学生描述跷跷板的基本动作和支点位置，随后提出问题："当跷跷板两端的受力不同时，会发生什么变化?"引导学生分析力臂与作用力之间的关系。通过总结和讨论，帮助学生提炼出杠杆原理的核心概念。这种有层次、有逻辑的引导方法，不仅降低了学生认知的难度，而且有助于他们在学习过程中构建清晰的思维框架，为后续学习打下坚实的基础。

此外，生活实例的引入还应强调学生的主体性和互动性。理解物理概念不仅需要教师的讲解和示范，更需要学生通过自主探索和实践来验证和内化知识。教师可以设计开放性实验或互动任务，鼓励学生亲自观察现象、提出问题并尝试解决。例如，让学生设计一个简单的杠杆实验，他们可以在操作中发现力与力臂的关系，并通过反复尝试，逐步深化对杠杆原理的理解。这种主动参与和探索的过程，不仅能够提升学生对物理概念的兴趣和记忆，还能在实践中锻炼他们的科学思维和探究能力。

在将生活现象转化为物理概念的教学过程中，教师需兼顾多样性和个性化的需求。鉴于学生的生活经验和认知水平存在显著差异，教师应设计多种多样的活动来引入这些概念，如视频演示、情境模拟或小组讨论等。这样的做法能够为学生提供更加灵活的学习路径和更加丰富的学习体验。此外，教师在教学过程中若能结合学生的兴趣和特长，如选取与学生日常兴趣紧密相关的生活现象作为教学的切入点，将更有效地激发学生的学习热情，帮助他们在物理学习的道路上保持积极性和主动性。

三、利用生活实例解释概念内涵

通过生活实例来阐释物理概念，是一种极具直观性和实际应用价值的教学方法。这些实例与学生的日常生活紧密相连，能够借助具体情境帮助学生更深刻地理解抽象的物理原理。教师在教学中恰当挑选并解析这些实例，不仅使得物理概念更加生动易懂，还能够加深学生对物理学与日常生活联系的理解，从而提升他们的学习兴趣和实际应用能力。一个恰当的实例能够清晰地揭示物理概念的本质，并帮助学生消除认识上的误区。在挑选实例时，教师应优先考虑那些与目标概念高度相关且易于学生理解的情境。例如，在讲解压强定义时，可以使用高跟鞋对地面的作用压力作为实例，通过分析鞋跟面积与压力大小的关系，引导学生理解压强不仅与作用力的大小有关，还与受力面积紧密相关。此外，为了丰富实例的多样性，教师可以从多个领域和不同情境中挑选实例，如通过桥梁工程中的应力分析和医学中的血压测量，向学生展示物理概念的广泛应用和价值。

在利用生活实例解释概念内涵时，教师需要注重实例分析的系统性与逻辑性，因为物理概念通常涉及多层次的理论结构，学生在理解时容易受到表面现象的干扰，教师可以通过分解实例中的关键因素，引导学生逐步分析这些因素与物理概念之间的关联性，从而在逻辑推导中逐步对概念内涵的全面理解。例如，在讲解浮力概念时，教师可以从物体沉浮现象入手，依次分析物体体积、液体密度与浮力之间的关系，并通过总结阿基米德原理的表达式，将生活现象与理论规律有机结合。这种系统性与逻辑性的解析，不仅能够帮助学生抓住物理概念的核心特征，还能够提高他们的推理能力和概念应用能力。

生活实例的使用还需要结合动态演示与互动活动，以便学生通过实践验证加深对物理概念的理解。教师可以通过实验重现生活实例中的关键现象（如通过液体静压实验展示潜水艇深潜时所受压力的变化），并引导学生分析实验数据与理论公式之间的对应关系，让他们在实际操作中体验物理规律的作用。此外，教师还可以通过开放性任务鼓励学生在生活中寻找更多的物理实例，例如让学生观察并记录家用电器的能耗情况，分析电功率与时间的关系，从而培养他们在日常生活中发现物理现象并应用物理概念的能力。

运用生活实例阐释概念的深层含义时，教师需留意学生之间的差异性。由于学生对生活实例的接受能力和理解程度可能大相径庭，教师应提供多种实例供学生选择，以便为他们开辟更为灵活的学习路径。同时，通过个性化的指导，教师可以帮助每位学生依据个人兴趣和学习风格，找到适宜的理解方法。此外，教师可以在课堂上安排小组讨论或实例竞赛，让学生在相互启发和交流中加深对物理概念的理解，并在合作过程中提升他们的学习积极性和团队协作能力。

第四节　物理概念建构的分层教学与个性化教学

一、学生分层的依据与方法

采用分层教学法来构建物理概念，是应对学生个体差异、优化教学资源配置的有效策略。鉴于初中生在认知水平、知识基础和学习能力上存在一定差异，通过科学分层，教师能够依据不同学生的特点，设计出具有针对性的教学内容和目标。这不仅提升了教学的有效性，也提高了教学的公平性。学生分层的依据与方法是这一策略的核心所在，因为分层的科学性直接决定了教学资源的合理分配和学生学习效果的优化。

学生分层的依据应当从多个维度进行考量，包括学业水平、认知能力、学习兴趣、课堂表现以及自我调节能力等。这些维度的综合评估能够全面反映学生的学习状态和潜力，为教师的分层决策提供科学依据。例如，学生的学业水平可以通过前测成绩或日常作业表现来评估，认知能力则可以通过逻辑推理测试或问题解决任务进行评估。此外，教师还可以通过观察学生在课堂中的参与度和问题反应，进一步了解他们的学习态度和思维特点，从而在分层过程中考虑更加动态和灵活的因素。

学生分层的方法需要结合定量与定性分析，确保分层的科学性与实践性。定量分析可以通过学业成绩的统计分析来确定学生在学科知识和技能上的相对位置，而定性分析则可以通过访谈、课堂观察和自我报告等方式，深层次了解学生的学习动力、兴趣和习惯等深层次因素。此外，分层方法需要注重动态调整，因为学生的学习状态和能力水平会随着时间而发生变化。教师应通过阶段性诊断评估，根据最新的学生数据对分层结果进行调整，确保教学策略能够与学生的实际需求保持一致。

科学的分层教学应避免标签化和思维固化，其根本目的在于更有效地满足学生个性化的学习需求，而不是将学生限定在特定的层次。教师应通过积极的交流与引导，向学生传递"分层旨在帮助每位学生发挥最大潜能"的理念，并通过设定具有挑战性的目标以及灵活的分层机制，激励学生在学习过程中不断超越自我。

二、不同层次的概念教学目标

分层教学的成功实施依赖于针对不同能力层次学生精心设计的教学目标。学生的认知差异、学习风格和兴趣爱好影响着他们对物理概念的吸收和学习需求。对于认知能力较强、逻辑思维和知识迁移能力突出的高层次学生，教学目标应侧重于挑战性和拓展性。例如，在讲解能量守恒定律时，教师可以为这些学生设计跨学科的问题情境，如探讨机械能在复杂系统中的转化规律，或研究能量守恒在自然现象中的非线性表现。这类具有挑战性的目标设计有助于提升学生的思维深度和学科综合能力，同时通过自主探索和研究激发学习动力和创新意识。对于中层次学生，教学目标应侧重于基础性和实践性。这些学生虽有一定的知识基础，但在逻辑推理和解决复杂问题方面可能需要进一步提高。教师可以通过强化对核心概念的理解和应用，帮助他们在掌握基础知识的同时，逐步提升分析和综合能力。例如，通过设计多步骤的问题情境，引导学生在解决小问题的过程中构建对整体概念的全面理解，从而实现从知识掌握到能力提升的转变。对于认知能力较弱、可能面临知识空缺的低层次学生，教学目标应注重直观性和渐进性。这些学生需要更具体化和视觉化的教学支持，例如利用动态演示和多模态教学方法，帮助他们在具体现象中发现物理规律，并通过现象的分解与重构逐步理解相关概念。此外，通过设定阶段性的小目标，如引导学生完成简单的实验任务或总结现象规律，教师可以增强他们的学习信心和成就感，帮助他们逐步过渡到更高层次的学习阶段。

在设计教学目标时，必须重视不同层次目标之间的连贯性与可迁移性。

分层教学的核心目标是促进所有学生的共同成长。教师在制定目标时，可以设计具有多个层次的学习任务，这样不同层次的学生在达成各自目标的同时，能够相互学习、相互激励，实现学习资源的共享和优势互补。此外，通过让学生理解不同层次目标的深层意义和价值，教师能够帮助他们在学习过程中培养更加积极的学习态度和开放的成长心态，为他们未来的学习和成长开辟更广阔的道路。

三、个性化教学的策略与实施

个性化教学是分层教学的重要补充和深化，其核心在于针对学生的个体差异提供更加灵活和精准的教学支持。在物理概念建构的过程中，个性化教学能够帮助学生根据自身的认知特点、兴趣方向和学习需求，实现对物理规律的更深入理解和灵活应用。这一策略的实施需要教师在教学设计、课堂组织和评价反馈等多个环节采取科学有效的方法，以确保教学目标与学生实际能力之间的最佳匹配。

（一）个性化教学的策略

实施个性化教学的首要策略是精准识别学生的学习特点和需求，因为只有充分了解学生的认知水平、学习风格和知识背景，教师才能根据每位学生的实际情况设计科学的教学内容和活动。这一过程需要结合多种评估工具，如前测、学习行为观察以及学生自我评估，通过数据分析和综合诊断为个性化教学提供科学依据。此外，教师还可以通过与学生的沟通与交流，深入了解他们的兴趣点和学习目标，从而在教学设计中有针对性地融入更加贴合学生兴趣的内容和方法。

另一个重要策略是分层设计教学资源和活动，以满足不同学生在学习中的具体需求。教师可以将物理概念的学习任务分解为多个层次，并为每一层次设计不同难度的学习资源与活动。例如，为基础薄弱的学生提供更直观的动画演示与操作性实验，为具有较高认知能力的学生设计开放性问题和跨学科探究任务。这种分层资源的提供能够有效降低学生的学习焦虑，同时为每位学生创造挑战自我并逐步提高的机会。

通过整合现代化技术开展个性化教学也是一种行之有效的方法，因为信息化工具能够为学生提供更加多样化和灵活化的学习途径。例如，教师可以通过在线学习平台为学生创建个性化学习成长档案，记录其学习进展和概念掌握情况，并根据这些数据动态调整教学内容。此外，虚拟实验、智能问答系统以及交互式学习软件等技术手段，也能够为学生提供即时反馈与个性化指导，从而增强学习的自主性和深度。

（二）个性化教学的实施路径

个性化教学的实施应贯穿于教学的各个阶段，从课前准备到课堂活动，再到课后辅导，都需关注学生个体需求的及时响应。在课前准备阶段，教师应依据学生的学习数据和特点，制订分层教学计划，并为每个层次的学生准备相应的学习资源。在课堂活动中，教师可采用小组学习、项目式学习和任务驱动教学等多种组织形式，通过任务分配和角色定位，确保每位学生在适合自己的学习任务中获得充分的参与感和成长机会。

在课堂实施过程中，教师应注重教学节奏和内容的灵活调整，因为学生在学习中的实时反应可能会显著影响教学的实际效果。例如，通过观察学生在课堂讨论中的表现或对问题的反应速度，教师可以及时调整讲解的深度与速度，并在必要时为部分学生提供个别指导。此外，通过互动式提问和课堂反馈活动，教师能够更精准地掌握学生的学习状态，从而确保个性化教学的实施效果。

课后辅导和学习延伸是个性化教学的重要补充环节，因为学生在课后的自主学习和问题解决中往往需要更加个性化的支持。教师可以通过在线答疑、个别辅导或学习小组活动，为学生提供更多的学习资源与指导。此外，通过设计个性化的学习任务，如要求学生从生活中寻找物理规律的应用实例，教师能够进一步激发学生的学习兴趣，并帮助他们将课堂知识转化为实际应用能力。

（三）个性化教学的挑战与应对

尽管个性化教学能显著提升教学成效和激发学生的学习热情，但在实际操作中也遭遇了一些难题。例如，在有限的教学时段内如何满足所有学生的个性化需求，以及在教学资源受限的情况下如何为每位学生提供高质量的辅导。为了克服这些挑战，教师需借助团队协作和资源整合，构建一个多元化的教学支持体系。例如，教师可以与其他教师合作开发分层教学资源，或者与家长沟通，共同为学生的学习营造更佳环境。此外，通过采用信息化工具和学习分析系统，教师能够有效提升个性化教学的效率，并为学生提供更为及时和精准的支持。

第八章 初中物理教师的专业发展与教学能力提升

第一节 物理教师的专业素养与职业认知

一、教师职业的责任与使命

2018年，《中共中央国务院关于全面深化新时代教师队伍建设改革的意见》明确指出："到2035年，教师综合素质、专业化水平和创新能力大幅提升，培养造就数以百万计的骨干教师、数以十万计的卓越教师、数以万计的教育家型教师。"教师的专业化成长一直是教育界的焦点话题，它通常涉及从"新手"到"熟手""骨干"乃至"专家"等多个阶段。这表明，在习近平新时代中国特色社会主义思想的指导下，中国正迈入一个名师和人才辈出的新时代。在这一时代到来之前，我们迫切需要提升教师的专业化水平和创新能力，使他们成为宝贵的教育资源。这是一条社会发展的智慧之路，充分发挥教师作为师德模范和榜样引领的作用，培养出能够推动未来发展的强大力量，为推动各地区可持续发展注入源源不断的活力。教师职业的责任与使命是物理教师专业素养的核心体现，因为物理教师不仅肩负着传授科学知识、培养学生科学素养的职责，还承担着引导学生树立正确价值观和人生观的重要任务。这种责任与使命决定了物理教师在教育实践中必须具备强烈的责任感和使命感，并始终以学生的全面发展为重心，设计并实施科学、有效的教学活动。

（一）使命的教育性与社会性

教师职业的使命是对其责任的延伸，体现了教师职业活动的长远目标和社会价值。物理教师的职业使命既具有教育性，也具有社会性，因为物理教育不仅关乎个体学生的知识获取，还对社会的科技进步和文化发展具有重要影响。在教育性方面，教师需要以学生的全面发展为核心，通过物理教学促进学生的智力发展和品格塑造。例如，通过设计科学探究活动，教师可以培养学生的批判性思维能力和问题解决能力，并通过将物理概念与实际应用相结合，引导学生认识科学技术在解决社会问题中的重要作用。

在社会性方面，教师的职业使命体现在为国家和社会培养具有科技创新能力和社会责任感的人才。物理作为一门基础性和应用性兼具的学科，其教学质量对社会科学技术的发展具有直接影响。教师在物理教学中需要关注时代发展的需求，如新能源技术、人工智能和环境保护等领域，并通过结合这些社会热点设计教学内容，引导学生思考物理学在未来科技进步中的角色和贡献。这种社会性的使命感要求教师在教学中不仅关注知识的传授，还能够从宏观视角引导学生思考科学与社会的互动关系，从而激发他们为社会发展做出贡献的责任感和使命感。

（二）教师责任与使命的内化与传递

教师职业的责任与使命不仅需要通过具体的教学实践加以体现，还需要在教师的职业发展中实现内化和传递。教师在职业生涯中，需要通过自我教育和职业修炼，将责任与使命感转化为内在的职业动力，从而在教学中始终保持对学生和社会的高度责任感。这种内化的过程包括对教育本质的深刻认识、对职业价值的高度认同，以及对教学目标的自觉追求。此外，教师还需要将这种责任感和使命感传递给学生，通过自身的行为示范和价值引导，使学生能够从学习中感受到物理学的意义与魅力，从而激励他们在未来的职业生涯中同样以责任和使命为驱动力，为社会和科技的发展做出贡献。物理教师的职业责任与使命是其专业素养的重要组成部分，其核心在于实现对学生发展和社会需求的双重回应。通过明确责任、内化使命，并在教学实践中科学设计和持续优化，教师能够在自身职业生涯中实现教学质量与职业价值的全面提升，同时为社会培养具有科学精神和社会责任感的优秀人才。

二、物理学科知识的深度与广度

物理教师的专业素养的核心在于对物理学科知识深度与广度的全面掌握，因为物理教学不仅要求教师对学科知识的理解具有高度的专业性，还要求他们能够从多维度、多层次的角度组织教学内容并解决学生的学习疑问。学科知识的深度与广度，不仅是物理教师实现高质量教学的基础，也是教师专业发展的重要内涵。

（一）学科知识的深度

物理学科知识的深度要求教师深入理解物理学科的基本理论与核心概念，并掌握其推导过程与应用范围。这种深入理解不仅体现在对公式、定律和理论的准确掌握上，还包括对物理学发展脉络与前沿问题的深入了解。例如，教师需要能够清晰地讲解力学中牛顿定律的适用条件和推导过程，并在教学中揭示这一理论在解释宏观运动规律中的基础性地位。此外，在处理复杂问题时，教师应能将核心概念与具体情境结合，运用综合性的推理能力解决多变量交互的问题。这种深度的学科知识，能让教师在教学中引导学生从表象现象深入到物理规律，并通过逻辑推导建立严密的知识体系。

物理学科知识的深度还体现在教师对物理规律本质性的认知上，例如理解量子力学与经典物理学在描述微观与宏观现象中的不同适用性，以及电磁理论在现代通信技术中的具体应用。这种对物理规律的本质把握，不仅要求教师具备扎实的理论基础，还需要他们能够从哲学层面理解科学方法与思维的逻辑特征，并通过批判性分析探讨物理学科在不同历史阶段的演变和突破。这种深刻的认知不仅有助于教师提升学术素养，还能够在教学中激发学生对科学探索的兴趣和对物理规律的深度思考。

（二）学科知识的广度

物理学科知识的广度意味着教师必须掌握物理学科所涵盖的广泛领域和分支，包括但不限于力学、热学、电学、光学以及现代物理等。他们需要清晰地理解这些分支之间的内在联系及其综合应用。广度的要求不仅体现在知识的覆盖面上，还包括对跨学科知识的理解与整合，如物理与数学、化学、生物以及工程技术的交叉领域。教师应能将物理学知识与这些领域的知识有机结合，从而在教学中展现物理学科的整体性和多维性。

此外，学科知识的广度还要求教师能够将课堂教学与现实生活紧密联系起来，通过跨学科的知识整合，引导学生理解物理规律在社会发展中的广泛应用。例如，教师应能解释能源技术在物理学原理中的基础地位，或者通过探讨交通工程中的物理问题，引导学生理解力学与工程实践之间的紧密联系。这种广泛的知识储备不仅能够帮助教师拓宽教学视野，还能在教学中满足学生对知识应用的多样化需求。

（三）深度与广度的结合

物理教师的学科知识深度与广度是相互依存、相得益彰的，教师在深入研究特定领域的同时，也应保持对其他相关领域的关注和理解，以便在教学中实现知识的系统性和综合性。例如，在阐释热力学第二定律时，教师不仅要深入解析熵增原理，还应结合电磁学、统计力学等领域的知识，探讨热力学原理在信息传输和现代计算技术中的应用。这种深度与广度的融合，不仅有助于教师设计更全面的教学方案，还能在学科交叉和知识融合的过程中引导学生培养科学思维的整体观念。物理教师的学科知识深度与广度是其专业素养的关键组成部分，其提升需要教师在知识积累与整合的过程中不断学习和探索。通过构建深度与广度相结合的知识体系，教师不仅能在教学中更有效地引导学生深入理解物理概念，还能通过多维度的知识拓展培养学生的跨学科思维和创新能力。

三、教育教学理论的掌握与运用

物理教师的专业素养不仅体现在对学科知识的精通上，还包括对教育教学理论的深刻理解与灵活应用。因为物理教学是一项教育实践活动，它要求教师能够将学科知识转化为符合学生认知特点的教学内容和方法。掌握并运用教育教学理论，是实现物理教学目标、提升课堂教学质量以及促进学生全面发展的关键。

（一）教学理论的系统掌握

系统掌握教学理论要求教师对教学原则、方法及过程有深刻理解，并能根据具体情境灵活运用各种理论体系。例如，教师应深入理解建构主义教学理论中学生主动建构知识的核心理念，并通过设计探究性学习活动促进学生知识迁移。同时，教师还需掌握行为主义理论中的强化与反馈机制，通过课堂管理和教学评价来优化学生的学习行为。这种全面的理论掌握不仅有助于教师科学地设计教学活动，还能提升他们解决复杂教学问题的能力。

此外，系统掌握教学理论还包括对现代教育技术理论的理解与应用。信息化教学环境为物理教学提供了新的手段和资源，教师需要掌握在线学习平台的设计与管理，并能根据学生的个性化需求设计数字化学习资源。同时，教师应理解混合式教学模式的优势与挑战，通过线上与线下教学模式的有机结合，提高学生在不同学习环境中的参与度和学习效果。

（二）教学理论的实践运用

将教学理论应用于实践是实现其价值的核心步骤。只有在真实的教学场景中运用，教学理论才能转化为实际的教学成效。教师必须依据学生的学习特性及课堂互动，灵活调整教学手段，并持续改进教学策略。例如，在物理概念的教学过程中，教师可以运用探究性教学理论，通过问题导向和实验活动激发学生对物理规律的发现与构建。同时，教师也可借助元认知理论，引导学生进行学习反思和过程监控，从而增强他们的自主学习能力和思维深度。

此外，教学理论的实践运用还要求教师重视教学反思和经验积累。教学成效的提高不仅源于理论的应用，还需通过教师的反思来不断完善。通过观察学生在各种教学活动中的表现，并结合教学评价结果来分析教学方法的利弊，教师能够在实践中积累更丰富的教学经验。这样，教师便能在理论与实践的融合中不断促进自身教学能力的提升。

（三）理论与实践的动态结合

掌握并运用教学理论是一个持续互动的过程。鉴于教学环境的复杂性以及学生需求的多样性，教师必须在实践中不断调整理论的应用策略。教师应在理论的指导下策划教学活动，并通过实践检验理论的适用性和成效和通过教学反思不断提升理论知识与实践技能。以协作学习理论的应用为例，教师应依据班级人数、学生兴趣和教学主题来设计恰当的合作任务，并通过观察学生在合作中的行为来调整任务分配和评价方法，以实现教学效果的最优化。

第二节　物理教学反思与教学技能提升

一、教学反思的内容与方式

物理教学反思不仅涉及对课堂教学过程的回顾，更深入地探讨了教学策略、教学过程、学生学习反馈以及教学效果的综合分析与评估。反思内容广泛，包括教学目标的设定与达成、教学方法的适应性与效果、教学资源的分配与应用、学生学习过程中的认知与情感变化，以及教学评价的公正性与全面性等多个方面。反思的方式则需结合多种理论与实践手段，如自我观察、同行评议、学生反馈、教学录像分析以及专业发展研讨等，通过多元化的途径收集全面信息，形成系统而深入的反思体系。

在反思教学目标的设定与实现时，教师需评估目标是否与课程标准、学生的实际认知水平以及学科知识的内在逻辑相一致，并分析这些目标在教学过程中是否得到有效实现。在此过程中，教师应关注目标的具体性、可测量性以及可达成性，通过对比预期目标与实际教学成果，识别教学过程中的潜在偏差与不足，为后续教学设计与目标调整提供依据。同时，教师应反思教学目标在不同教学环节中的融入与贯穿情况，确保教学活动与目标的一致性和连贯性，以促进学生在知识、技能与态度上的全面发展。

在对教学方法进行反思时，教师必须审视所采用的教学策略和方法是否符合物理学科的特性以及学生的学习需求。同时，教师应评估这些方法在激发学生学习兴趣、促进深度理解以及培养应用能力方面的有效性。作为自然科学的关键分支，物理教学方法的选择不仅要考虑知识的抽象性和逻辑性，还要兼顾实验探究与理论推演的紧密结合。因此，在反思教学方法时，教师应深入分析不同方法在具体教学情境中的适用性，探讨其在提升学生科学素养和探究能力方面的贡献，并根据学生的反馈和学习成效不断调整和优化教学策略，以实现教学方法的动态适应和持续改进。

教学资源的配置与利用同样是教学反思的关键方面。教师需要评估所使用的教材、实验器材、多媒体资源，以及其他辅助教学工具在实际教学中的有效性与适应性。物理教学资源的合理配置不仅关系到教学内容的呈现和学生理解的深度，还直接影响教学活动的开展和学生参与的积极性。因此，在反思教学资源时，教师应考虑资源的多样性和丰富性，分析其在支持不同教学目标和方法中的具体作用，并探索资源整合与创新利用的途径，以提升教学资源的使用效率和教学效果的整体水平。此外，教师还应关注新兴技术与数字化工具在物理教学中的应用潜力，通过反思资源使用的现代化和信息化程度，推动教学资源的更新与升级，以适应现代教育的发展趋势和学生的数字化学习需求。

学生在学习过程中的认知和情感变化是教学反思中不可或缺的部分。教师需深入分析学生在物理学习中的思维发展、知识掌握和情感体验，评估教学活动对学生认知结构的影响以及对其学习动机和兴趣的激发程度。通过对学生学习过程的细致观察和数据分析，教师可以识别出学生在理解物理概念、应用物理原理以及进行实验探究过程中遇到的困难和挑战，从而有针对性地调整教学策略和方法，提供更为个性化的教学支持。此外，教师还需关注学生在学习过程中情感体验的变化，分析教学活动对学生学习态度、自信心和合作精神的影响，致力于营造积极、支持性的学习环境，促进学生在认知和情感上的同步发展。

在进行教学反思时，教师应融合多种理论与实践方法，构建一个系统而全面的反思框架。自我观察与记录构成了教学反思的核心环节，教师可以借助教学日志、反思笔记等工具，详细记录课堂情况、教学活动的执行过程以及学生的学习反馈，为后续的反思和分析提供丰富的素材。同时，同行评议和教研活动也是教学反思的关键途径，通过与同事的交流和讨论，教师能够获得多角度的观点和建议，扩展反思的视角，增强反思的深度和广度。此外，学生反馈和参与同样是教学反思不可或缺的部分，教师可以通过问卷调查、课堂讨论或个别访谈等方式，收集学生对教学活动的看法和建议，深入了解学生的真实需求和体验，不仅使教师在反思过程中更加关注学生主体性和学习者视角。

利用教学录像进行分析，是一种先进的教学反思手段，它有助于教师客观和全面地审视教学过程中的细节和互动。通过录制课堂实况视频，教师可以在课后仔细观察和分析自己的教学行为、策略以及学生的反应，从而识别教学的优势和不足，并据此制定具体的改进措施。同时，教学录像分析也可作为教师自我成长的工具，通过反复观看和分析教学视频，教师能够不断改进教学方法，提升教学技能。促进教学质量的持续提升。此外，教师还可以通过教学录像进行自我评估和目标设定，将反思成果转化为明确的专业发展目标和行动计划，推动教学技能的系统化提升。

专业发展研讨与培训是教学反思的关键途径。通过参与多样化的教研活动、专业培训和学术交流，教师能够持续更新教学理念，掌握前沿的教学方法，扩展专业知识，并提高教学技能。这些活动不仅为教师提供了反思和学习的平台，还促进了教师之间的合作与交流，营造了一个积极向上的专业学习环境。此外，教师通过参与学术研究和教学创新项目，能够深入理解物理教学的理论与实践，拓宽和深化教学反思的维度，从而推动教学技能的全面提升。

在实施教学反思的过程中，教师应重视反思的系统性和持续性，构建科学的反思框架和机制，确保反思活动的有序进行和有效实施。教师可以制订反思计划，明确反思的目标和重点，选择恰当的反思方法和工具，定期进行反思和评估，形成反思与改进的良性循环。同时，教师还需要培养良好的反思习惯和能力，提高自我意识和批判性思维，增强反思的深度和广度，以便在教学反思中不断发现并解决问题，推动教学技能的持续提升和专业发展的不断进步。

二、基于反思的教学技能缺陷诊断

在教师专业成长的道路上，不断提升教学技能是保障教学品质和学生学习成果的核心要素。基于反思的教学技能缺陷诊断，作为教师自我提升和教学改进的关键途径，显得尤为重要。这一过程不仅要求教师深入剖析自己的教学实践，还需要融合教育理论与实际经验，系统识别教学中的不足和潜在问题，并据此制订出有效的改进方案。教学技能缺陷诊断的科学性和系统性，直接关系到诊断结果的精确度和改进措施的适用性，进而影响教师专业成长的成效。因此，对于初中物理教师来说，深入掌握并运用基于反思的教学技能缺陷诊断方法，具有深远的理论价值和实践意义。

第一，教学技能缺陷诊断的基础在于构建科学的反思框架与模型。这一过程需要汲取教育心理学、教学理论以及专业发展理论等多学科的研究成果，形成系统化的分析工具。常见的反思框架包括 Kolb 的体验学习循环、Donald Schon 的反思性实践理论以及 Gibbs 的反思模型等，这些理论为教学反思提供了结构化的指导，使教师能够有序地进行自我审视与分析。例如，Kolb 的体验学习循环强调具体经验、反思观察、抽象概念化与主动实验的循环过程，促使教师在每次教学活动后进行全面的反思与总结，从而不断优化教学方法与策略。Donald Schon 的反思性实践理论则强调教师在日常教学中的“反思行动”和“反思实践”，鼓励教师在面对复杂教学情境时，能够灵活应对并持续改进教学行为。这些理论框架的应用，为教学技能缺陷诊断提供了理论支持与实践指导，使教师能够在反思过程中系统性地识别并分析自身教学中的不足与挑战。

第二，教学技能缺陷的诊断需要基于多维度、多层次的观察与数据收集，这包括教师自我评估、学生反馈、同行评议以及教学录像分析等多种途径。教师自我评估是教学反思的核心环节，教师通过自我观察与记录，回顾课堂教学的具体实施过程，评估教学目标的达成情况、教学方法的有效性以及学生参与度水平。这一过程中，教师需保持高度的自我意识与批判性思维，客观审视自身的教学行为与决策，识别出教学中的优势与不足。与此同时，学生反馈作为重要的数据来源，能够提供教师难以直接观察到的学生学习体验与需求，通过问卷调查、课堂讨论或个别访谈等方式，教师可以深入了解学生对教学活动的真实感受与建议，从而发现教学中的盲点与改进空间。

第三，教学技能缺陷诊断的过程需依托系统的数据分析与评估方法，这包括定量与定性相结合的分析手段。定量分析通过统计学方法，对教学过程中的各种指标进行量化评估，如学生的学习成绩、课堂参与度、作业完成情况等，通过数据的对比与趋势分析，识别出教学中的薄弱环节与改进需求。定性分析则注重对教学过程中的细节与复杂性的理解，通过内容分析、主题分析等方法，对教学行为与学生反馈进行深入解读，挖掘出背后的原因与机制。例如，通过对教学录像的细致分析，教师可以发现自身在课堂管理、教学节奏、互动方式等方面的具体问题，并结合学生的反馈，理解这些问题对学生学习的实际影响。这种定量与定性相结合的分析方法，能够全面而深入地揭示教学技能中的缺陷，为制定有效的改进策略提供坚实的依据。

第四，教学技能缺陷诊断的结果应转化为具体的改进措施与专业发展计划，这一过程需要教师具备较强的目标设定与行动计划制订能力。基于诊断结果，教师应明确需要改进的教学技能与具体的改进目标，并制订切实可行的行动计划。这些改进措施可以包括参加专业培训、开展教学实验、引入新技术工具、优化教学资源配置等，通过多样化的途径，逐步提升自身的教学技能与专业素养。例如，如果诊断结果显示教师在实验教学中的指导不足，教师可以通过参加实验教学培训、借鉴先进的实验教学案例、优化实验设计与指导方法，逐步提升实验教学的质量与效果。同时，教师还需建立持续的评估与反馈机制，定期回顾与评估改进措施的实施效果，及时调整与优化行动计划，确保教学技能提升的持续性与有效性。

第五，教学技能缺陷诊断的过程应融入教师的日常教学实践中，形成持续反思与改进的良性循环。这一过程不仅是教师个人的自我提升过程，也是教师团队协作与集体智慧共享的重要途径。通过在日常教学中不断进行反思与诊断，教师能够逐步建立起科学的教学反思与改进机制，形成系统化的专业发展路径。此外，教学技能缺陷诊断还需与教师的职业发展目标相结合，确保反思与改进活动能够与个人的专业成长规划相契合，促进教师在教学技能、学科知识与教育理念等多方面的提升。

基于反思的教学技能缺陷诊断构成了初中物理教师专业成长的关键环节，它涵盖了科学的反思框架、系统的数据收集与分析、多样化的诊断方法以及明确的改进措施与行动计划。通过这一过程，教师不仅能够全面地识别和理解自己教学中的不足和挑战，还能借助科学的方法和系统的规划，逐步提高教学技能和专业素养，从而实现教学质量的持续提升和学生学习效果的持续改善。

三、教学技能提升的训练方法

在现今的教育背景下，初中物理教师持续提高教学技能不仅是个人职业成长的必然要求，也是适应教育变革和满足学生多样化学习需求的关键。提升教学技能的途径应当基于科学的理论和实际经验，结合教师的自我审视和外部资源，构建一个系统化和持续性的成长路径。物理教师在提升教学技能的过程中，应充分利用各种培训和学习资源，结合教学反思的分析结果，制订符合个人特点的专业发展计划，从而在教学设计、课堂管理、教学方法以及技术应用等多个维度，持续增强自身的教学能力和专业素质。

第一，专业培训与继续教育是提升教学技能的关键途径之一。通过参与各类专业培训课程、研讨会、学术交流活动，教师能够掌握最新的教学理念、教学方法和教育技术，从而拓展教学视野，更新教学观念。例如，物理教师可以参与关于探究式学习、翻转课堂、多元智能理论等方面的培训，学习如何将这些前沿的教育理念有效地融入物理教学中。同时，继续教育还包括进修相关的教育学、心理学课程，以增强教师的教育理论基础与教学研究能力，为教学技能的全面提升打下坚实的理论基础。

第二，教学实验与教学研究是提升教学技能的有效实践途径。由于物理学科本身具有显著的实验性与探究性，教师可以通过设计与实施各种教学实验，提高自身的实验教学能力与学生实验指导能力。教学实验不仅是物理知识的具体应用，也是培养学生科学探究能力的重要手段。在设计教学实验时，教师应确保实验的科学性与趣味性，结合学生的认知水平与兴趣点，设计出既具挑战性又能激发学生兴趣的实验项目。此外，教师还可以通过参与教学研究项目，深入探讨物理教学中的问题与挑战，寻找解决方案与创新方法，从而不断优化教学设计与教学策略。

第三，教学观摩与同行交流是提升教学技能的重要手段。通过观摩优秀教师的课堂教学，教师可以学习到先进的教学方法与课堂管理技巧，借鉴他人的教学经验与成功案例，提升自身的教学水平。同时，教师间的同行交流与合作，能够促进教学理念的碰撞与创新，形成良好的教学共同体。教师可以通过参与教研活动、集体备课、教学观摩等形式，与同事分享教学心得与经验，互相启发与支持，共同提升教学技能与专业素养。此外，教师还可以通过与其他学校或教育机构的教师进行交流与合作，拓展教学视野，学习不同地区、不同教学环境下的教学方法与策略，进一步丰富自身的教学经验与技能储备。

第四，信息技术的应用与创新是现代教学技能提升的重要方向。随着信息技术的迅猛发展，现代教育中信息技术的应用已经成为提升教学技能与教学效果的关键手段。物理教师应当充分利用各类信息技术工具与资源，如多媒体教学软件、虚拟实验平台、在线教育资源等，提升教学的互动性与趣味性。例如，利用虚拟实验平台，教师可以设计出更为复杂与多样化的物理实验，突破传统实验条件的限制，提供更加丰富的实验体验与探究机会。同时，信息技术的应用还可以提升教学的个性化与差异化，通过数据分析与智能反馈，教师可以更好地了解学生的学习情况与需求，有针对性地调整教学策略与教学内容，提升教学的针对性与有效性。此外，信息技术的创新应用还包括利用在线教育平台进行远程教学与资源共享，促进教学的灵活性，提升教学的整体质量与效率。

第五，教师的心理素养与职业态度是教学技能提升的重要内在因素。教师在进行教学技能提升的过程中，应当注重自身心理素养的提升与职业态度的培养，建立积极的职业心态与持续学习的意识。积极的职业心态能够帮助教师更好地应对教学中的挑战与压力，保持高昂的教学热情与积极的教学态度，而持续学习的意识则促使教师不断更新知识、提升技能、拓展视野，从而在教学技能提升的过程中保持动力与热情。此外，教师还应当注重自身情绪管理与压力调适，保持良好的心理健康与职业满意度，为教学技能的持续提升提供坚实的心理支持与保障。

第三节　教师专业发展中的协同与创新

一、教师间的合作协同模式

教师群体在教育系统内部扮演着传递知识、引导价值和培养素质等多重角色。构建合作协同模式的关键在于协调教师的专业特长、教学理念和教育目标，以促进他们在沟通互动中形成一个既互补又共同发展的教学生态。针对初中物理教学领域，教师们在知识储备、教学经验、学生管理方法和学科前沿把握程度上往往存在一定差异，这需要通过制度化或自发性组织的合作机制来调和，以避免个体教师在专业成长和教学改进上陷入孤立无援的困境。同时，为了在集体层面持续提升物理学科的教学质量和研究水平，需要在学校或更广泛的范围内建立基于合作探究、共同备课和定期研讨等多层次的网络结构，使教师群体在持续互动中实现经验碰撞、观念融合和资源共享。

合作协同模式的完善往往依赖于制度的支持，包括学校行政层面对团队合作的要求以及教研组或备课组为教师提供的时间与空间保障。物理教研组内部可以通过专题研讨、集体听课、成果展示等方式推动教师群体针对具体教学难点和学情问题展开多角度对话，不同年级或不同班级的教师能够在备课方案、课堂活动设计和学生评价形式上交换思路，从而在实践层面体现共同体智慧。这种协同路径，一方面能够帮助新入职教师快速融入学校整体的教学文化，并在有经验教师的指导下积累教学方法与管理策略，另一方面也能让资深教师通过与其他群体的对话审视自己的惯性思维，并在尝试新思路的过程中实现专业能力的再提升。由此形成的内部互助体系可以在学科教学与科研项目申报上展现更强的合力，让分散的个体经验和技能通过良性互动凝聚成具有集群优势的教学团队。

教师之间的合作并不限于同一学科内部的教研活动，还可以通过与不同学科的教师或行政管理者进行交流，在跨学科的对话中获得新的启示。一种值得提倡的协同模式是采用项目制，即将教师划分为若干研究小组，每个小组专注于特定的教学课题。例如，研究如何在物理实验中培养学生的自主探究能力，或如何开发用于物理概念教学的形象化教学资源。将教师集中于共同的课题，不仅能够最大化利用各自的专业知识，还能在思想碰撞的过程中激发对新教学策略或评价标准的探索欲望。这种协同机制通常比传统的集体备课更具系统性和深度，因为它不仅关注满足日常课堂的需求，还强调通过研究过程培养教师的探究意识和改革决心。

构建合作协同模式的另一个关键点是信息共享和资源共建。一些学校利用电子平台或云端系统创建了教师专用的资料库，对与物理教学相关的试卷、演示实验视频、教学设计案例以及学科最新动态等信息进行分类整理。这使得不同教师能够根据教学进度、研究重点或学生差异，方便找到合适的资源。通过不断优化这一资源共享平台，教师之间的信息流通变得更加便捷和高效，同时也能让资深教师的经验在数字化环境中得到记录并惠及更多同行。此外，平台还可以记录教师使用这些资源后的反馈，并对学生的反应进行数据统计和分析，将相关结果与其他教师共享，从而在更广泛的范围内推动合作协同的良性循环。在这个由制度、平台和人员构成的立体生态系统中，合作不再是短期的应急措施，而是成为教师日常教学与研究过程中的稳定机制。

在构建合作协同模式的过程中，为了确保各个层面的合作真正落到实处，需要通过系统化的激励与评价体系，引导教师积极参与并持续投入时间和精力。许多物理教师之所以难以深入参与群体合作，通常是由于日常行政事务、课业负担或考试压力占据了大量精力，对合作带来的长远收益认识不足。通过在校内评价体系中引入合作表现与集体研究成果的加权占比，或者为在教研活动中表现突出的教师提供培训机会并授予相关的荣誉称号，学校能够激发更广泛的参与意愿。更为重要的是，要让教师认识到合作协同对于自身专业提升和教学质量改进的直接帮助，例如在与同伴的分享交流中获得新颖的演示思路或备课技巧，进而在课堂成效上形成可视化的进步。久而久之，个人与团队的互动就会形成正向激励循环，让合作协同模式逐渐成为学校文化与教师专业发展不可或缺的一部分。

推进合作协同模式还需要警惕可能出现的形式化倾向，即部分教师可能将合作活动视为单纯的任务或形象化任务，而缺乏真正的内在需求与深度对话。为了避免此类现象，每次团队活动前应做好充分筹备，并在讨论过程中设定明确目标与议题分工，鼓励教师结合自身教学实践提出可行性建议，并对疑难点展开深层次辩论。活动结束后还可以安排持续性的跟进和效果评估，例如在下一阶段教研会议上对前期合作讨论的教学方案进行反思，在学生学习成果或课堂观察记录的佐证下总结优缺点。这样一种循环往复的合作方式，能够使团队讨论不再停留于表层，更能推动教师在反思实践、建构理论和优化教学之间不断进步。由此来看，教师间的合作协同模式不仅是一种外在的组织形式，也是一种倡导教师共同体精神和专业自觉的文化，只有将二者紧密结合，才能在初中物理教学改革与教师成长中发挥长效的引领作用。

二、跨学科教师合作的探索

尽管不同学科的教师在教学目标、知识内容和思维方式上存在显著差异，跨学科合作却能打破这些界限，促进教师在共同研讨和教学设计中产生更多创新的思考和实践策略。初中物理教师在与其他学科教师合作时，可以利用物理学科强调实验探究和逻辑推理的特点，与其他学科的语言表达、艺术表现或社会背景分析等维度进行互补，为学生提供更全面和创造性的学习体验。然而，跨学科合作并非仅仅是多学科的简单组合，它需要在哲学和教育学理论的支持下，深入探讨各学科核心素养和知识体系的交汇点，并通过适当的教学方法引导学生在多维知识网络中进行知识迁移和创新。

跨学科教师合作的出发点通常是共同选择具有整合潜力的主题，将物理学科所涉及的自然规律或实验活动与其他学科关注的人文情境、社会问题或美学视角相结合，在设计教学活动时明确各学科的核心任务，并构建出能够激发多种智力因素和学习动机的综合项目。例如，在物理与数学教师的合作中，通过让学生在几何分析与物理测量的相互验证中理解抽象概念与现实世界之间的联系，有助于培养学生的立体化数理思维。类似的跨学科联系也可以在物理与化学、生物之间建立，甚至在人文学科或艺术学科之间也可以通过主题化项目找到深层次的契合点。为了确保跨学科合作的深度，需要预先明确各自学科的知识范围和目标定位，并制订基于平等对话的协同方案，这样不同学科的教师才能在团队中发挥各自的专长。

跨学科教师合作需借助系统化的设计思维，确保教学活动的层次与学科深度相契合，避免学生在活动中因碎片知识的简单拼接而产生认知混乱。这种设计思维不仅涵盖对课程内容和课时安排的全面规划，还包括对教学方法和评价机制的综合考量。为了使跨学科活动在物理教学中有效实施，必须将物理的实验技巧、量化分析和科学推理与其他学科的探索方式和表达形式相结合，并通过构建真实情境或问题任务激发学生主动探究。在跨学科项目推进过程中，教师间应保持密切且高效的沟通，及时交流学生在活动中的表现和反馈，并根据项目进展做出适时的调整和拓展，以促进学生在深度学习和知识重构过程中的思维拓展。

跨学科教师合作的另一核心在于资源的整合与平台的构建。许多跨学科项目需要更为多样的教学工具和实践场所，如实验室、实训基地或计算机网络环境，这些资源通常由不同的部门或团队管理。为了确保跨学科项目的顺利进行，需要统筹协调，统一调配和整合这些资源，并在必要时与校外机构或社会资源建立联系，确保学生能在适宜的环境中完成探究与实践。同时，教师在合作过程中也需不断积累跨学科教学的经验和资料，整理和分享具有代表性的教学案例、项目方案或学生作品，以便更多教育工作者在后续的研究和教学中参考和借鉴。通过持续的积累和开放的交流，跨学科合作的成果有望在更广泛的范围内传播，并对初中物理教师的教学理念和方法创新产生积极的影响。

在推进跨学科教师合作的过程中，我们还需克服教学理念与评价方式上的传统障碍。一些教师或教育管理者可能习惯于将学科内容严格划分，并以单一科目的考试成绩作为衡量教学效果的主要标准。这种做法在一定程度上限制了跨学科项目所需的灵活性和长期培养。为了解决这一问题，学校或更高级别的教研管理部门需要开展深入的讨论，为跨学科合作建立更为科学的评价体系。这一体系应重视过程性评价和学生在多维认知与能力上的增值，从而让教师在适度的自由度中开展跨学科课程的开发和教学实践。通过构建一个包含知识应用、实践能力、团队合作和创新思维等多维度的综合评价体系，我们可以更全面地展现跨学科教学的成效，为进一步的推广与完善奠定坚实的数据和政策基础。

此外，跨学科教师合作的价值不仅体现在为学生提供更加多元化的知识体验，还在于促进教师个人的专业发展和学术视野的拓展。物理教师在与其他学科教师深入合作的过程中，可以从对方的教学策略、思维方式和学科文化中获得新的启发，并在交流与反思中重新构建对教学目标和教育意义的理解。由跨学科合作引发的教研活动能够使教师在教学方法上更趋向于综合性和灵活性，也可能激发教师进一步研究某些跨学科课题对学生认知发展和学科素养培养的长期影响。这些研究成果不仅能够丰富教师的学术积累，还能在实践中不断激发新的教学创新点。总体而言，跨学科教师合作是推动初中物理教学从单一学科属性向综合素质培养转变的关键途径，需要在理念、资源、机制和评价等方面进行系统规划，以确保这项探索能够真正扎根并产生持久的教育影响。

三、协同创新对专业发展的推动

物理教师的专业成长是多种因素共同作用的结果，而协同创新在这一过程中往往扮演着关键的催化剂角色。教师不再局限于个人的经验和视野，而是在与他人或团队进行多层次、多维度的合作中获得理念的冲击和方法的启示，进而创造更多研究性教学和实践反思的机会。协同创新不仅包括学科内的深度合作，也包括不同学科之间的跨界融合，还涉及校企合作、社会资源整合以及信息技术与学科教学的对接，这些不同维度的协同都能为教师的专业发展注入新的动力。同时，协同创新在教学改革与学生培养层面展现出的成果也能提高教师的职业成就感和社会认同度，从而形成激励机制，使更多教师愿意持续投入教学研究与团队合作。

从教师专业素养的角度看，协同创新为教师提供了一个多方交流与深入研讨的环境，在解决教学难题或教育难点时，可以通过共享资源来降低探索成本，并通过集体智慧推动问题的深入研究。协同过程中积累的经验与成果不仅服务于短期的教学目标，也能在更长时间跨度内成为教师个人教研体系的有机组成部分，让他们在遇到类似问题或新的课题时能够基于已有经验迅速衍生与拓展。由此可见，协同创新能够帮助教师不断打破对既有教学策略的依赖，勇于尝试更富创造性和挑战性的方案，并通过循证研究和同行评议来检验这些方案的合理性与有效性，最终将个人的专业发展与学科教学的整体进步有机融为一体。

协同创新对教师专业发展的推动也体现在教研文化的塑造上。许多学校或教育团队在推进协同创新的过程中，特别强调“研究共同体”或“专业学习共同体”的概念，让教师在平等互助、彼此信任的氛围中进行知识交流与思维碰撞。教师不再是课堂内的“孤岛”，而是拥有可以随时讨论与共享的合作伙伴群体，每个人都以专业研究者的身份参与到教学问题的分析与解决中。当这种共同体文化渐渐扎根，教师在面对新的教学挑战时，往往会更加主动地寻求团队的协助或发表自己的观点，这不仅带动了更活跃的学术对话与资源互补，也能够让教师在不断检验与修正中强化专业认同。这样的文化环境为协同创新提供了良好的土壤，而协同创新的成果又反过来强化了共同体的凝聚力，形成螺旋式上升的良性循环。

为了使协同创新更有效地促进教师的专业成长，学校必须构建一套可持续的管理与评价体系。这一体系旨在确保教师在协同活动中拥有必要的自主权和话语权，同时通过规范化的成果评估方法对协同过程进行监督和指导。许多学校已经开始将教师参与跨学科项目或团队研究的成果纳入绩效考核体系，并为在协同创新中表现卓越的教师提供专业培训、进修机会或参加学术会议的机会。这种激励机制既肯定了教师的辛勤工作，又为协同创新的持续发展提供了保障。在这样的环境中，教师往往会对自己的角色定位和职业规划持有更加积极的态度，并在与同行的协同互动中逐渐明确自己的专业特长和发展方向，从而构建起“一专多能”“多维度交叉”的知识结构和能力体系。

协同创新对教师专业发展的推动还体现在研究能力的培养上。教师通过参与各种形式的协同活动，如与高校科研团队合作开发教学实验项目，或与科技企业共同研制新型教学工具，其研究视野和实践技能将得到显著提升。研究能力的增强不仅有助于教师改进校内的教学设计和课堂管理，还能帮助他们在教研、课题申报和论文撰写等更高级别的学术活动中取得好成绩。物理教师在与科研机构或专业组织合作时，可以深入学习科学实验的标准化流程、数据分析方法论以及文献综述的写作规范，从而对科学研究的本质和学术成果的表达有更全面的认识。这种研究能力的提升反馈到教学中，将带来更加基于证据的课程规划、更具批判性的教学反思和更具创造性的活动设计，为学生的学科素养提升和教师自身的专业发展开辟新的途径。

在更广阔的教育背景下，协同创新还帮助教师形成对教育趋势和社会需求的敏感洞察力，不再局限于应试教育和学科内部的小循环，而是将视野扩展到更宏大的教育改革和人才培养格局中。教师在与社会组织、非营利机构或区域性教育联盟合作时，能够接触到多元化的教育理念和实践案例，并对学生的成长与社会期待之间的关系有新的理解。当物理教师的专业发展与这些外部资源和宏观趋势相结合，就有可能进一步引导他们在教学中融入更丰富的社会实践环节，使学生通过实地调研或社会服务活动理解物理知识在日常生活和社会发展中的应用价值。此时，协同创新已经超越了学科或校内的界限，成为连接教育、社会和未来需求的驱动力，不仅推动教师自身的专业跨越，也使学生在更高层次上实现素质的全面提升。

综上所述，协同创新为教师的专业成长开启了一扇通往多元融合与持续变革的大门。教师通过与同行、跨学科伙伴、科研机构以及社会力量的紧密互动，在拓宽视野与挖掘潜能的过程中，不断重塑教学方法与学术兴趣。随着协同创新的逐步深入，教师个人的成长与团队协作的力量将相辅相成，为初中物理教学注入更加生动、活泼且富有成效的变革动力，并最终引领学生进入一个更加广阔、多彩的学习世界。只有在协同创新中不断磨炼专业技能，初中物理教师才能紧跟时代需求和教育使命，向着更高水平的教学境界不断迈进。

第四节　基于教学研究的物理教学能力优化

一、教学研究的选题与设计

在探索物理学科内容的逻辑结构与中学阶段认知规律的交汇点时，研究者常常需要进行复杂的思维推演。这一过程不仅涉及对现有教学实践困境的识别与分析，而且要求研究者在考虑知识点内在联系的同时，关注学生在学习物理不同阶段所遇到的困惑。为了提出与实际相结合的研究选题，研究者必须首先综合考虑所教学段的课程标准、学习者的背景特征以及物理知识与技能体系的具体要求，从多层次、多维度的视角对潜在选题进行细致的分析。随后，基于可行性、创新性和实践需求等多方面的综合评估，确定最具研究价值的主题。教学研究的核心在于从特定的教学现象或挑战中提炼出具有普遍意义或启示性的规律与方法。为了达成这一目标，研究者必须进行系统性的规划与设计，这一过程不仅要求在细节上科学严谨和周密策划，而且需要深入理解学生学习效果、教师专业发展和教学生态改善三者之间的内在联系，从而在研究的起始阶段就将教学价值的实现与研究成果的可推广性紧密结合起来。

确立研究选题必须经过多轮文献检索和理论参考。为了平衡学科特性和教育需求，应在现有研究成果和实践反思的基础上，进一步明确教学困惑的根本原因。诸如力学、电学或光学等不同知识领域的概念往往具有高度的抽象性，这在学生的认知过程中可能导致多种误解或偏差。这些误解可能反映了学生认知结构的发展规律，也可能与教师在教学中未能充分重视建构式学习和探究式活动有关。通过研究选题，可以将这些潜在问题集中分析，从而在后续研究设计中有针对性地制定干预或改进措施，并调整具体教学环节，以更有效地验证教学方法的有效性。研究选题的范围应综合考虑教学内容、学生特点和资源条件，既不宜过于宽泛，以免研究核心不够集中，也不宜过于狭窄，以免无法体现研究的深度和对广泛教学实践的指导价值。

研究设计的另一个关键点是研究目的、内容和过程的有机整合。研究目的通常涉及三个层面：探索物理概念教学的认知规律；提高学生对物理知识的深入理解和应用能力；引导教师在实践中不断积累专业素养和创新教学方法。为了实现这些多重目的，研究内容需要在理论和实践之间形成连贯的互动。一方面，运用认知心理学、教育心理学和建构主义教学理论等多学科知识，为教学干预和行动方案提供坚实的理论基础；另一方面，结合中学阶段物理课程标准对概念和原理的要求，将抽象的理论知识转化为具体的教学活动，并在此过程中持续收集数据以支持研究的深入。研究过程的合理设计通常包括研究对象的选择、干预措施的实施、数据的收集和处理，以及结果的分析和解释等关键环节。在每个环节中，都需预先考虑可能的变量和干扰因素，并确保能够通过量化或质性等多元化方法对教学效果进行全面评估。

在进行设计研究时，构建一个全面且可执行的方案至关重要，以确保研究结果的可靠性和有效性。这需要从研究的初始阶段就对实验组和对照组的划分、研究持续时间、测试工具的选择以及数据处理方法进行详尽的阐述和论证。同时，对教师在研究期间的教学策略也应有明确的规范或指导，以减少实施过程中的随意性，确保研究结论能够支撑科学推断。设计中涉及的变量控制和条件设定应平衡学科特性与现实教学环境：既要考虑到真实课堂中教师和学生的多样性和复杂性，也要在一定程度上排除或降低无关因素的影响。精心设计的研究环节不仅为后续研究提供了一条可靠的路径，也为研究完成后对教学策略的推广或深化奠定了坚实的基础。

教学研究的选题与设计应紧密围绕物理学科的核心概念和学生的学习规律进行系统规划，并通过文献评估、可行性论证以及研究目的与过程的整合来确保研究的针对性和科学性。前期准备阶段的周密思考和充分论证将决定研究过程是否能够顺利进行，以及研究成果是否能为后续教学实践提供具有价值的指导。物理教师只有在选题和设计阶段深入关注教育心理学与物理学科知识的融合，并考虑研究的实证性和可扩展性，才能将教学研究的力量注入物理教学改革之中，从而在概念理解和能力提升方面实现新的突破。

二、教学研究方法的应用

研究方法的运用是将抽象的研究目标转化为可观察、可测量并可分析的具体过程，其中涵盖的关键环节往往包括研究范式的确立、数据收集与分析的策略选择，以及对研究过程中可能出现偏差或干扰的控制。面对初中物理教学中不同类型的问题，教学研究需要灵活采用多样化的方法论，包括定量研究与定性研究相结合的混合研究方法，以及更具情境针对性的行动研究模式。定量研究通常通过问卷调查、测试成绩、频次统计等工具，对某一教学干预或策略是否显著影响学生学习效果进行严谨的分析；定性研究则注重对师生在教学实践中所呈现的真实语言、行为和情感体验进行深入的描述与理解，从而挖掘影响概念掌握或课堂氛围的潜在因素。基于此，研究者往往需要在具体情境下仔细衡量某种研究方法的适配性，并通过多种方法的组合获得更为立体化的结论。

研究范式的确立是一个系统化的认知过程，需要根据研究目的和实际教学情境决定研究整体走向。选用行动研究时，更加突出研究者即教师本身在课堂中的主体角色，边教边研，通过对教学实践的自我审视与不断改进来实现教学能力的提升。采用实验研究时，则需要借鉴传统自然科学实验的严谨路径，在控制变量、对照组设置和干预方案的一致化方面做出精细安排，力求得出的结论具有统计学意义。混合研究方法的优势在于既能通过数字化分析的结果来提供直观的量化佐证，又能通过过程性观察和访谈为研究背景及机制提供深层次的诠释，两者相辅相成，对教学效果的探究更加全面。处于初中物理教学实际场景中的研究者，应结合学校资源、师生时间安排以及课程要求等条件，综合考虑不同研究范式的特点和可行性，力争在保证研究质量的同时，让研究方法与现实教学需要保持高度契合。

数据的收集与分析策略是研究工作的重要组成部分，它关系到能否准确刻画教学干预在学生知识建构、思维发展和学习态度方面的影响。为了在可能的维度上呈现最完整的数据图景，可以将客观量化指标与主观评估指标结合起来使用。客观量化指标通常包括学业成绩、测验答案正确率、作业完成质量以及实验操作技能评分等，依靠可视化的量化工具能够对学生在概念理解和能力生成层面所取得的进步做出具体评估。主观评估指标往往涉及学生在课堂上的自我感受、思维模式及学习动机，还可能涵盖教师的课堂观察记录、交流访谈、教学日志等，这类定性数据对教学过程中那些难以量化却至关重要的因素提供了更为生动的视角。数据分析过程中需要根据研究设计的初衷，将不同类型的数据进行有机整合，并借助统计工具或质性分析软件对其进行交叉比对，不断挖掘潜在规律并形成对研究问题的多层次解释。若要确保分析结果的可靠性与有效性，就必须在分析之前做好信度与效度的检验，通过预实验或试测的方式对测量工具的稳定性和判分标准的合理性进行考察，以减少研究结果可能面临的偏差。

对干扰因素的控制在教学研究中至关重要，特别是当研究对象位于真实的课堂情境时，各种不可控的变动因素往往会影响研究结论。为了减小这些干扰因素的影响，研究者可以在相同学校或平行班级中进行对照研究，并在研究期间保持教学内容、班级规模、学生背景等主要条件的一致。此外，还可以在数据分析环节采用协方差分析或多水平线性模型等方法，对学生起点水平或班级差异等因素进行统计控制，从而让干预效果的评估更为精确。若涉及质性研究范畴，需要在研究日志与观察记录中充分记录所有可能影响研究过程的突发事件或意外情况，为后续对研究结论的解释与讨论提供基础。

研究方法的有效应用不仅在于研究过程的科学性，还在于以研究者所关切的教育问题为导向，能够贯穿教学始终并生成可指导实践的结论。在使用某种研究方法时，研究者需要对其局限性保持清醒认识，并通过灵活的多维度方法互补来提高研究结论的信度与解释力。对于初中物理教学而言，涉及概念抽象度较高、实验条件多样化，以及学生思维发展尚不成熟等特点，单一研究方法可能难以准确揭示学生在学习某些物理概念时的深层认知过程。因此，那些成功的研究往往都兼具量化与质性分析，既利用统计学方法来捕捉总体趋势与差异，又借助课堂观察和访谈深入发掘个体差异与内在动机。通过系统而谨慎地应用多样化的研究方法，研究者才能在教学研究中扎实地推进理论与实践的双向互动，从而让物理教学效率和教师专业成长获得更大的提升。

三、研究成果在教学中的转化

基于教学研究所获得的结论与策略若要真正发挥效力，必须经过系统性转化并在日常教学实践中得到持续运用，这种转化的过程并非简单地将研究报告或论文中的关键词搬到课堂上，而是需要对教学情境、学生个体需求和教育目标进行多维度考量，以确保研究成果能够在动态变化的教学生态中生根发芽。若缺乏对研究成果进行深度解读与二次加工，教师可能只是机械复制某些做法而忽视其背后的理论原理与适用边界，从而导致实施效果不佳或者与课堂实际需求脱节。为了避免这种情况，需要在转化过程中借助反思性实践的力量，将研究所得与新授内容或复习环节进行深度融合，并不断根据学生反馈实时调整，从而让研究成果真正成为激发学生学习热情和提升概念掌握水平的催化剂。

研究成果的转化往往需要先搭建起理论与实践之间的桥梁，让研究结论与教学设计保持充分的互动。一方面，教师需要在日常备课时融入研究中所揭示的规律，例如对学生误区产生机制的洞察、对深度学习策略的归纳、对探究式或合作式教学方法的细节梳理等，这些基于研究实证的教学要点可以帮助教师在教学过程中做出更有针对性的预设。另一方面，也需要对教学情境重新审视，并合理修订那些与研究条件存在差异的部分，因为任何研究都只能在一定的情境和条件下展开，若在转化时忽略了班级学生背景、教学设备资源、课时安排等方面的差异，难免会使研究成果与真实课堂出现错位。通过这一过程的不断修订与磨合，研究成果才有机会在个性化的初中物理课堂中发挥实质性效用。

构建合作交流机制是推动研究成果在教学中有效转化的另一个关键点，因为单凭某一位教师或研究者的个体努力，往往很难在较短时间内实现大范围的实践推广。学校内部或地区层面的教研组是实现这类合作交流的核心平台，教师们可以在教研活动中相互分享研究成果、探索学科教学设计的改进思路，并结合各自班级的教学实际进行交流和反馈。这种集体智慧的交汇不仅能够丰富研究结论的适用场景，也可以通过同行互评和专家指导，让研究成果得到多角度的检验与完善。尤其是在当前信息技术迅猛发展的背景下，通过在线平台或区域协同网络进行资源共享、实时讨论与数据互换，能够让更多教师快速获取最新的研究思路和实践策略，从而在更大范围内推动研究成果的转化与深化。

研究成果在教学实践中的转化也离不开持续的评价与反馈，这种评价既包括教师对自己实践过程的自我反思，也包括学生对新教学策略的态度和学习效果评价。通过开展定期的小范围测评或深入访谈，教师可以及时发现研究成果在课堂中应用时可能出现的新问题，如学生对某些环节的理解困难、课堂流程在时间管理上的冲突、合作小组在探究活动中的角色不平衡等。对这些问题的深入分析与及时反馈，能够帮助教师进一步优化研究成果的实施路径，为下一步研究或教学改进提供事实依据。评价与反馈的过程还可以通过多元的量化和质性指标加以综合呈现，包括测验分数的波动趋势、学生在实验探究活动中的操作熟练度与创新意识表现，以及教学录像分析所得到的课堂互动方式和频率。唯有在长期的动态追踪与数据积累中，研究成果的实际价值才能被最大化地呈现，而教师也可以在这一过程中积累更多的专业知识与教学经验。

研究成果的转化并不是一蹴而就的过程，而是一个持续迭代的学习与改进过程。教师在最初将研究结论应用于课堂时，需要保持一定的灵活度与警觉性，并在发现问题或局限性时及时做出适当调整。随着不断实践，研究成果也可能呈现出与设计初衷略有差异的新特征，这些新特征或许正是现实课堂赋予研究新的启示点。通过对实践中反馈信息的聚合与再分析，研究者与教师能够进一步修订研究成果本身的可操作性与适用范围，而这些新的认识反过来又能在后续的教学研究中被验证或扩展，实现理论与实践的良性循环。在这个过程中，教师专业素养与研究技能同步提高，使得研究成果不仅在单一教学环节中得到应用，而且逐渐形成一种可复制、可拓展的教学模式，进而影响更广泛的教育生态。

四、持续研究对教学能力的优化

教学研究并非一次性的活动，而是一种持续性的系统实践过程，在这种持续探索中所体现的阶段性成果能够对教师的教学能力产生深远而全方位的影响。这种影响不仅涉及对具体知识点的教学设计或教学手段的改良，还会深入到教师的教学理念、思维方式以及自我评价体系，从而塑造一种可成长、可适应多元教学情境的专业素养。研究的持续性在很大程度上取决于教师的反思性实践和终身学习意识，通过不断地提出新的研究问题、设计更完善的研究方案、迭代更新已有的教学策略，教师会在每一次研究周期中获得对学生学情、物理知识结构和学习心理的更丰富理解，也能更熟练地掌握各种研究方法和数据分析技能。久而久之，教师个体的研究能量和专业视野会得到不断扩展，从而为教学创新注入不竭的动力。

反思性实践是驱动持续研究的核心引擎，它要求教师在每一轮研究结束后，不仅总结干预或教学创新的成效，还要剖析自身在研究过程中的困惑与不足。通过深度回顾研究目标与实施过程之间的契合度，对比期望结果与实际结果之间的差距，并对偏离的原因进行多维度考量，教师可以找到有待改进的关键环节并据此调整下一步研究方向。这样一来，研究就变得有机而循环，不再是割裂于日常教学的孤立活动，而是逐渐融入教师的专业成长路径。伴随着研究的持续深入，教师对研究设计、方法选用和数据解读的熟练程度也会不断提高，对学科教学本质的理解将更加深刻，从而推动教学能力全方位升级。尤其是在物理学科领域，由于概念抽象度高，学习环节往往需要实验操作与逻辑推理相互配合，教师唯有通过长期的研究与实践积累，才能更敏锐地捕捉到学生理解中的细微差异，并在教学方案中制定相应的应对措施。

研究的延展性也会对教师在团队合作与学术交流方面的能力产生积极影响。通过持续完善教学研究，教师通常需要与同事或外部专家进行高频次的思想碰撞与成果分享，此时若能在团队环境中形成互助研讨的氛围，教师的专业成长就会得到倍增效应。在分享研究成果和接受同行评议的过程中，教师需要对自身的研究过程进行提炼和概括，需要更为精确地表述研究问题、方法和结论，这种提炼与表述本身就是一种“再研究”过程。团队成员之间的观点交换与批判性反馈能够促使研究者在研究设计、数据处理和教学应用方面不断完善，从而以更高标准来要求自己，使下一轮研究具有更为严谨和科学的基础。而研究成果在更大的范围内得到推广或认可，也能带动教师产生更强烈的研究动力，激发更深层次的学术兴趣与创新潜力，这些都将直接转化为教师在物理教学中的专业自信与教学灵活性。

持续研究还能够促进教师形成健全的学科教育观与多元教学观。当教师在教学研究中多次体验到不同研究思路与方法论的碰撞，见证多种教学策略在不同情境中的应用，便会逐渐意识到教学改革不可能一蹴而就，也无法以某种单一路径完全解决所有学生的学习难点。通过对不同教学模式和研究范式的兼容与并蓄，教师能够从更广阔的维度去审视物理学科教育的目标和价值，也能更加灵活地根据学生需求来选择恰当的教学策略。随着研究的持久推进，教师不但能够在学科内容的深度与广度上不断拓展，还会在教育学、心理学、测量评估学等跨学科领域中持续学习和积累，这种复合型的知识结构与能力体系恰恰是引领未来教学变革与创新所不可或缺的素养。

对于初中物理教学而言，持续研究赋予教师的另一个宝贵收获是对学生"认识发展轨迹"的动态把握能力。一旦教师通过多轮研究对学生在掌握物理概念时常见的思维障碍、误区成因以及思维转折点有了系统了解，便能在教学设计时更准确地预估学生可能会遇到的学习瓶颈，并提前布置相应的引导或干预活动。借助教学研究的累积结果，教师还能在学生的学习情感、学习动机和团队合作能力等更为综合的素质层面开展有针对性的支持，从而让教学目标不再局限于知识点的传授，而是延伸到思维品质与科学素养的培养。从长远来看，这不仅提升了教师自身的教学价值，也为学生在后续物理学习乃至更高阶段的学科探究打下坚实基础。

综上所述，持续研究对教学能力的优化是一个深远而渐进的过程，研究成果的积累与研究能力的提升二者相辅相成：教师在每一次研究实践中都能够基于对先前经验的梳理与创新，将教学策略进一步完善与升华，同时在研究方法和理论思维上不断突破自我局限。随着时间的推移，这种持续研究带来的变化将不仅体现在单节课的质量提升，还会逐步塑造教师在物理教学领域的专业身份与学术视野，让物理课堂在深度与广度上更富有灵动性与启发性。只有通过这样的循环往复，教师方能成为研究型的教育实践者，持续追求教学改革的新高度，并为学生提供更具创造力与挑战性的学习体验。

参考文献

[1] 安富海. 促进深度学习的课堂教学策略研究 [J]. 课程. 教材. 教法，2014，34 (11)：57-62.

[2] 蔡香英. 基于物理核心素养下的作业实施与成效分析 [J]. 现代教学，2020 (S1)：36-37.

[3] 陈克超. 论物理教学的异型建构策略 [J]. 教学与管理（中学版），2006 (4)：63-64.

[4] 陈克超，冉洁，戴浩. 基于课程标准之高中物理大概念解读与建构 [J]. 物理教师，2020，41 (9)：11-14.

[5] 陈敏华. 什么是物理学——论物理教材“绪论”的编写 [J]. 课程教学研究，2017 (7)：34-38.

[6] 董毓. 批判性思维的探究本质和对创新的作用 [J]. 工业和信息化教育，2017 (5)：27-36.

[7] 董毓. 角逐批判性思维 [J]. 人民教育，2015 (9)：12-19.

[8] 董振邦，刘燕妮. 基于大单元的初中物理模型教学探索——以“电路中的物理模型”为例 [J]. 中学物理，2023，41 (16)：33-37.

[9] 关亚琴. 中学物理大概念研究进展述评 [J]. 物理教师，2021，42 (11)：2-6.

[10] 郭彦青. 深度学习引发的深度教学是培养学生核心素养的必由之路 [J]. 教学研究，2018，41 (3)：10-14.

[11] 梁旭. 指向核心素养的教学目标研制——以人教版必修 2 第六章“万有引力与航天”为例 [J]. 中学物理教学参考，2017，0 (4)：4-6.

［12］凌珲．基于学习进阶理论的初小科学课程衔接教学策略［J］．当代家庭教育，2021（36）：27-29.

［13］刘燕妮，董振邦．大概念视域下转换法在教学中的应用［J］．中学物理教学参考，2022，51（2）：10-12.

［14］马永喜．基于进阶理论的物理课堂情境教学实践研究［J］．广西物理，2022，43（3）：91-93.

［15］彭前程．《普通高中物理课程标准（2017 年版）》的变化［J］．课程．教材．教法，2018，38（9）：99-106.

［16］任虎虎．关注实验方案设计 促进课堂深度学习——以“实验：探究加速度与力质量的关系”教学为例［J］．物理之友，2023，39（11）：1-3.

［17］任虎虎．指向深度学习的高中物理情境开发策略——以奥运会比赛项目为例［J］．物理之友，2022，38（8）：15-17.

［18］谭振兴．基于“学习进阶”的物理实验教学探究——以“大气压强”教学为例［J］．湖南中学物理，2020，0（4）：53-55.

［19］韦钰．以大概念的理念进行科学教育［J］．人民教育，2016（1）：41-45.

［20］王强，李松林．学科大概念的剖析与建构——以物理学科为例［J］．上海教育科研，2021（10）：10-14.

［21］王耀村．培育科学素养：初中综合科学课程建设的浙江探索［J］．全球教育展望，2021，50（12）：115-128.

［22］叶成林．建构主义与初中物理的概念教学［J］．中学物理（初中版），2013（4）：27-28.

［23］叶立军，戚方柔．指向学科核心素养的大概念教学机理及教学策略［J］．教学与管理，2021（6）：91-93.

［24］杨文源，刘恩山．为了理解的教学设计：从指向核心概念的问题开始［J］．生物学通报，2014，49（1）：28-33.

［25］余琼，王长江，陈元霞．“功”概念学习进阶的初步研究［J］．湖南中

学物理，2023（5）：38-41.

［26］曾军．基于电路模型的《电路》课程教学研究［J］．中国电力教育，2022（9）：63-64.

［27］曾家延，董泽华．学生深度学习的内涵与培养路径研究［J］．基础教育，2017，14（4）：59-67.

［28］张颖之，刘恩山．核心概念在理科教学中的地位和作用——从记忆事实向理解概念的转变［J］．教育学报，2010，6（1）：57-61.

［29］赵海艳，邓靖武．大概念统摄下的高三物理复习课堂实践——以“动生电动势能量转化关系”为例［J］．中学物理，2021，39（19）：30-33.